EE II
Ermuntern & Erinnern

Nie hätte das Auge jemals
die Sonne gesehen,
wenn es nicht selbst
sonnenhaft wäre.
                    Plotin

Henner Nordmann, Andrea Maag,
Peter Mickenbecker u.a.

Wozu sind die Füße da?

Zum Wandel im Straßenverkehr

Herausgegeben und eingeleitet
von Henner Nordmann

Materialis Verlag

ISBN 3-88535-120-x

(c) Materialis Verlag, Rendeler Str. 9-11
D-6000 Frankfurt 60, Telefon (069) 45 08 82
Erstausgabe, 1988
Lektorat: Lothar Wolfstetter
Gestaltung: Markus Eidt
Printed in Western Germany

CIP-Titelaufnahme der Deutschen Bibliothek

Wozu sind die Füsse da? : Zum Wandel im Strassenverkehr / Henner Nordmann ... Hrsg. u. eingeleitet von Henner Nordmann. - Erstausg. - Frankfurt (Main) : Materialis-Verl., 1988
  (Ermuntern & [und] Erinnern ; 11)
  ISBN 3-88535-120-X
NE: Nordmann, Henner [Mitverf.]; GT

Inhalt

Henner Nordmann **Einleitung**	7
Barbara Krüger **Wir schaden niemand und sind mobil**	10
Karin Forkel-Muskalla **Initiationsritus**	12
Martin mit Roswitha Herrig **Streit**	14
Klaus Geßlein **Gedanken eines Frustrierten**	21
Veronika 'Freedom' Rampold **Inkonsequente Veronika?**	23
Maria Hug **'s Sträßli**	34
Anselm Hirt **Apokalypse Stau – Paris 1980**	38
Henner Nordmann **Der Chronische Zusammenstoß**	40
Ute Becker **Pro und contra**	53
Kathrin Schwenger **Schock, Panik, Egoismus und eine typische Gemütlichkeit**	55
Monika Künecke **Berliner Luft**	57
Klaus Geßlein **Sucht**	58
Bernd Künecke **'ne janz schön doofe Situation**	60
Monika und Heimo Porsche **Droge Auto**	62
Lydia Kalchthaler **I fahr ja nit groß spaziere**	67

Ute Becker
Winter in Wengen 70

Dorothea Schlink-Zykan
Geht es auch ohne Auto? 71

Bernd Schnabel
Radeln 76

Andrea Maag
Die Konsequenz 77

Rolf Disch
Sonnenräder 81

Hansjörg Hummel
Automobil oder Solarmobil 89

Karin Forkel-Muskalla
Die Ballade vom Fahrrad-Kurier-Dienst 92

Jens Westermann
Der offene Zweisitzer 93

Peter Mickenbecker
Human Powered Vehicle - menschlich angetriebene 94
Fahrzeuge

Jupp Trauth
Gehen 109

Henner Nordmann
Einleitung

> Alles aber nichts
> **Er:**
> Das Nord-Südgefälle ist so steil, das Elend der Dritten Welt so riesengroß, daß wir uns ja schon schämen, Auto zu fahren oder eine Plastiktüte zu kaufen. Das ist doch zuviel!
> **Sie:**
> Dein Schuldgefühl ist nur ein Trick, um Dich aus der **persönlichen** Verantwortung, mit Konsequenzen, zu stehlen. Auf die Art läßt Du weder das Autofahren sein und nimmst Jute statt Plastik noch tust Du wirklich etwas für die Dritte Welt.[1]

Unser Buch richtet sich an alle **Geher** und **Radler**, auch an zukünftige, also an alle **Autler**[2], als erste die, die schon insgeheim eine ständig verdorbene Freude am Autofahren haben. Fußgängerinnen und Radfahrerinnen sollen von einander hören. Und die autofahren, werden aus erster Hand von einer Gruppe erfahren, für die es wenig Unterschied macht, ob die fahrenden oder parkenden Autos friedliebenden oder aggressiven Menschen gehören.

Es gibt eine Trennungslinie zwischen denen, die autofahren, und denen, die es (gerade) nicht tun, sondern zufußgehen und radeln. Sie führt mitten durch die Gruppe hindurch, die sich hier zu einem gemeinsamen Buch zusammengefunden hat. Ich hatte gebeten, persönlich und per Inserat, sich eigene Erlebnisse, Erinnerungen, Zweifel, Unbehagen, Erleichterung von der Seele zu schreiben, all das, was mit Kompromiß oder Kompromißlosigkeit, mit Zwiespalt einhergeht, wenn jemand – ohne zu verdrängen – die Frage beantwortet: wie lebe ich mit meiner Art, mich vorwärtszubewegen? Fünfundzwanzig Menschen sind sich dabei nur in einem völlig einig: in der Sehnsucht nach einem Wandel im Straßenverkehr; sie urteilen aus verschiedensten Positionen:

- als Jugendliche, die noch nicht autofahren
- als Alte, die es nicht mehr können

---

[1] nach einem Studiogespräch in 'Forum', Südwestfunk Baden-Baden, 9. Jan. 1986
[2] "Autler" früher Name für Automobilisten

- als solche, die sich den Ausstieg aus ihrem Privatauto noch nicht vorstellen wollen, aber auch schon wieder engagiert radfahren und zufußgehen
- als Menschen, die nie ein Auto oder Motorrad wollten oder
- nie wieder eines wollen und
- sich der – seit den 60er Jahren in den Tod rasenden – Autoentwicklung subversiv in den Weg stellen
- aber auch als Autofahrende, die über notorische Motorik sprechen, Realität unserer Straßen ...

Die (nur oder auch) autofahren, machen in diesem Buch ein die Allgemeinheit betreffendes Problem (das Privatauto) gerade dadurch bewußter, daß sie es als ihr persönliches Problem betrachten. Sie rechtfertigen ihre Art, sich vorwärtszubewegen, mit einem chronischen Notstand ihrer Zeitökonomie und damit, daß sie den Absprung zu Alternativen nicht finden.

Autofahrende haben – oder hatten – (fast immer) eine große Freude an ihren Gefährten: ein Wagen gibt – oder gab – ihnen das Gefühl, 'freier' zu sein, 'stärker', 'jünger' (den Erwachsenen), 'erwachsener' (den Jungen)[1], sicherer und gestützt, geborgen und zuhause zu sein; kurz: allzu häufig etwas anderes, ja das Gegenteil davon, was jemand wirklich ist, weil die Leistung einer Maschine[2] großzügig der eigenen Persönlichkeit zugeschrieben wird. Wie leicht Gefühle verbiegen und wie schwer es fällt, sie wieder in eine gerade Verbindung zur eigenen Realität zu rücken, zeigt sich, wenn es um Abhängigkeit, ja Sucht und Auto in einem über die persönlichen Verhältnisse weit hinaus bewegten Leben geht.

Ein Jahr ist seit dem Autojubel '86 vergangen. Dies ist ein Buch 'danach'. Es geht um Alternativen. Ohne Auto leben? Wie? Wie kann ein Verzicht auf's Privatauto konsequent gelebt, wie radikal darf er von anderen gefordert werden? Wie ist der Alltag von Grund auf neu zu organisieren nach einem endgültigen Autoverkauf – ein Entschluß, der, überzeugt gefaßt, zu Isolierung im Kreis der Familien und Freunde führen kann; zum chronischen Zusammenstoß mit Mitmenschen, zu Frust und Wut. Wer die andere Bewegungsart mehr und mehr in den Griff bekommt, registriert früher als andere und schärfer die morgendlich gnadenlos startenden Vorstöße gegen ökologische Grundwerte, weil die Sinne sich langsam wieder naturalisiert haben und nun einfach nicht mehr alles so hinnehmen.

Gehend und radelnd bewegen wir uns in den unserer menschlichen

---

[1] Ralf Zoll: Aggression und Konsumgesellschaft. Über Ursachen und Motive menschlichen Verhaltens im Straßenverkehr, Frankfurt/Main 1971

[2] Arno Bammé: Maschinenmenschen, Mensch-Maschinen, Reinbek 1983

Kraft auf Dauer angemessenen Geschwindigkeiten. Wir gehen zu Fuß und plötzlich schnellt etwas an uns vorbei. Obwohl es uns nicht berührte, hat es uns getroffen. Das Auto, das an uns vorbeifuhr, hat uns etwas angetan. Wir radeln und wehren die Geschwindigkeit des Autos ab. Je größer die Geschwindigkeit, um so größer unsere Abwehr. Haben wir das eine Auto abgewehrt, erwarten wir das nächste. Wann wird es da sein? Wird es schneller oder langsamer fahren? Müssen wir mehr oder weniger Kraft aufwenden, um es abzuwehren?[1]

Die Grundform unserer Fortbewegung ist das Gehen. Es ist eine Voraussetzung für unser Glück, unser Wohlergehen; und bleibt es, auch wenn wir unsere Muskelkraft technisch übertragen einsetzen. Das ist nicht selbstverständlich, sondern eine Forderung an uns selbst, wenn wir radeln 'wie die Autofahrer'.

Wie den Automenschen ihr eigenes Auto, so bereitet denen, die sich lieber biologisch-dynamisch vorwärtsbewegen, ihr Gehenkönnen und ihr Radeln ebenfalls eine große Freude. Auch sie sind, fast immer, wild darauf, zu 'laufen'; und ihre Räder betrachten sie als etwas ganz Besonderes.

Unsere technischen Informationen reichen von Verbesserungen des **'Traditionellen Rades'** für alltägliche Anforderungen: 'Berg', 'Wetter', Fahren mit Kindern, Transport, bis zu den **Neukonstruktionen** auf dem jahrzehntelang kümmernden Sektor der Fahrradentwicklung: leichte, klappbare, geschwind, leise und schadlos dahinlaufende, vollverkleidete, gepäckfreundliche Geräte, die mit menschlicher Kraft mühelos betrieben werden (**hpv**, human powered vehicle); oder auch hilfsweise mit der menschenfreundlichen Energie der Sonne (**solar**).

Wenn sich einmal etwas ändert mit den Autos[2], wird der Wandel längst von einer Gruppe gelebt sein; gar nicht als Vorbild, ja auf die Gefahr hin, daß niemand mitmacht, nur aus dem egoistischen Gefühl heraus, daß es für's eigene Leben notwendig[3], daß es lebensnotwendig geworden ist.

Das wirkliche Leben beginnt erst ohne Auto. Erdrückend viele glauben das Gegenteil.   Freiburg im Jan. 88

---

[1] Motiv von: Manfred Liersch: Der Automensch, Juli 1986, Südfestfunk (Rundfunkmanuskript)

[2] 'das Auto' steht in unserem Buch immer nur für das private Kraftfahrzeug; also nicht für den öffentlichen und gewerblichen Motorverkehr: Busse, Transporter (soweit sie nicht durch die Schiene ersetzt werden können), Taxis, Kranken-, Feuerwehr-, Behindertenwagen (auch private); hab' ich was vergessen?

[3] auch aus Gründen, die Michael Degen nennt: Wie Seelisches in die Gänge kommt. Radfahren: Lebenssteigerung durch Herunterschalten, in: Zwischenschritte 2/1986

Barbara Krüger (Aachen)
Wir schaden niemand und sind mobil

Als mein Bruder verunglückte, klagte ich nicht das Auto an. Ich hatte keins und fuhr auch selten. Ich wußte aber, mein Bruder liebte das Autofahren und nutzte jede Gelegenheit. Es war sein Hobby-sein Leben der Preis. In diesem Alter schien das Leben überhaupt ein Risiko zu sein, mit dem man lebhaft pokerte. Und zu den anhänglichsten Träumen gehörte der Besitz eines Autos.

Die fahrbaren Beine stellten sich schneller als angenommen ein. Sie gehörten absolut selbstverständlich zu unserem neuen, besseren Leben. Dieses änderte sich durch vermehrte Verpflichtungen. Die Kleidung änderte sich und vermehrte sich entsprechend. Das Leben rollte nur noch an uns vorbei. Der Fahrtwind beflügelte mein mangelndes Selbstbewußtsein, ich fühlte mich stark durch ständige Allgegenwärtigkeit. Autofreunde zählten zu Freunden, Fahrerlebnisse krönten die Abende – Solidarität wurde durch Hupen ausgedrückt ...

Doch nach verfahrenem Autogenuß und mit dem Heranwachsen der Kinder flachte das Vergnügen ab. Es war gar nicht mehr so lustig, die schlaffen Muskel auf dem Hometrainer zu trainieren, hochtourig-dröhnend sportlich zu fahren und im Jogging-Anzug die "Sportschau" zu gucken. Ich wollte nicht überall gleichzeitig sein. Ich wollte nicht einem Partner vertrauen, der mich nach eigenem Ermessen einfach am Straßenrand sitzen ließ. Ich hatte keine Lust, den Chauffeur meiner Kinder zu spielen. Ich wünschte den Wagen auf den Mond, wenn ich keinen Parkplatz fand und litt unter dem Abgasgestank auf dem Weg zum ganzen Stück. Beim Bezahlen von Autoreparaturen lächelte ich mittlerweile über die beschimpften Buspreise. Die Sorge um die Gesundheit der Kinder nahm mit dem Entsetzen über beschnittene Entfaltungsmöglichkeiten drastisch zu.

Das Auto wurde zum Klotz am Bein. Ich bewunderte Menschen, die das laut sagten und die Konsequenzen zogen. Meine Sinne schärften sich. Verantwortung für alles um mich gab mir neuen Lebenssinn.

Die Blechlawine vor unserem Haus wuchs zum horrenden Tausendfüßler, der sich durch die Straßen wälzt und tausendfach lästig und haltlos zutritt. Die Menschen beten ein Monster an! Es spuckt Gift und Galle, macht taub, schnürt die Luft ab, schockt und engt ein. Es tötet langsam oder schnell.

Ein kleines Erlebnis gab mir den Rest: Zur Feierabendzeit schneite es urplötzlich und die Straßen vereisten auf der Stelle. Leichtbekleidete Autofahrer näherten sich fürsorglich ihren sommerbereiften Lieben und riskierten das Fahren lieber nicht. Das Blech mußte geschont werden! Dann stürmten sie den einzigen Bus, der sich durch Schnee und Staus hindurchgearbeitet hatte. Sie schubsten und quetschten mit ihren Aktenkoffern und standen total unter ihrer Würde.

Draußen aber im Schneegestöber stand eine alte Frau mit Krücken und stocherte unsicher nach festem Halt, um als allerletzte den Bus zu besteigen. Doch quietschend und mit Gewalt von innen schlossen sich die Bustüren vor ihr. Die Reifen spritzten den Schnee an ihr hoch – ihr entsetzter, verzweifelter Blick traf mich – bis heute!

Ist das Leben noch lebenswert, wenn die Menschen mit den Ellenbogen nur an ihr Auto denken? Dürfen Gesunde Vortritt haben vor Alten, die ihnen durch stetes Busfahren den Linienverkehr erhalten?

Wir haben den Wagen abgeschafft! Wir haben ihn leichtherzig verkauft. Nicht wie ein Familienmitglied beweint vergeben. Und waren anschließend richtig erleichtert! Jetzt ist es fast schon etwas Besonderes, kein Auto zu haben. Wir fühlen uns auch so. Denn wir sind frei und unabhängig, wir schaden niemandem und sind mobil. Wir planen ausgiebig Ausflüge und nutzen Fahrten zum Lesen und Schmusen. Wir tragen wetterfeste Kleidung und kommen überall pünktlich an.

Wir ärgern uns mit den Kindern über Ampeln, Poller und totes Blech, das uns reihenweise im Wege steht. Uns erschreckt täglich Lärm, Mief und akute Lebensgefährdung. Aber wir haben ein gutes Gewissen und fühlen uns mitverantwortlich für alles was wächst, kreucht und fleucht.

Das Auto gehört nicht zu unserem Leben. Es stört, behindert und tötet nur. Es hat keine Seele und keinen Geist. Und auch der Mensch, der es liebt und umsorgt, wird seelen- und geistlos – lebenmißachtend.

Doch dieses Bewußtsein ist gewachsen. Man kann es nicht einfach übernehmen oder an andere übertragen. Die Verantwortung für sich und den Mitmenschen ist eine Aufgabe, die man lernen und verstehen muß, um sie weitergebend leben zu können.

Die Anzahl der Gleichgesinnten wächst – ebenso wie die der Autos ...!

Andy Pegg, Fensterputzer und Radrennfahrer, transportiert alles mit seinem Dreirad, sogar Leitern und Baugerüste.

Karin Forkel-Muskalla (Heidelberg)
Initiationsritus

Ich habe einen Makel. Ein Stigma. Ich gehöre einer besonderen Kaste an. Normalerweise findet man meinesgleichen nur unter Kindern, sehr alten Menschen oder geistig bzw. körperlich Behinderten.

Auf den ersten Blick ist mir nichts anzusehen. Auch im Gespräch wirke ich verhältnismäßig normal. Nur wer mich näher kennt, weiß, was mit mir los ist. Wenn meine Besonderheit offenbar wird, begegnet mir meistens zunächst einmal ungläubiges Staunen. Kopfschütteln. Manchmal glaubt mein Gegenüber, ich würde mir einen unpassenden Scherz erlauben, und ist etwas verärgert. Wenn ich dann darauf beharre, daß "es" der Wahrheit entspricht, ernte ich Mitleid. Und vorsichtige Fragen. Ob es vielleicht wegen meiner Augen (ich trage eine Brille) sei? Wie schrecklich! Ob man da wirklich nichts machen könne?

Meistens (aber nicht immer) besitze ich genügend Charakterstärke, um zuzugeben, daß ich keinen körperlichen Grund für mein Unaussprechliches habe. Ah – also eine Neurose, ein Trauma? – Wenn mir diese Frage begegnet, schweigt meine Charakterstärke oft, und ich entwerfe die haarsträubendsten Geschichten, dichte mir Psychosen an, erzähle Kindheitserlebnisse, die mich angeblich nicht mehr loslassen – alles frei erfunden. Spätestens, wenn ich jede wohlmeinende psychiatrische Hilfe ablehne, muß ich mich mit einem gönnerhaft drohenden Zeigefinger auseinandersetzen. So, so, ich wolle wohl gar nicht, was?

Diese Frage ist natürlich nur scherzhaft gemeint. Wer wird denn wohl im Ernst glauben, daß jemand ... Na, dann wird's wohl Zeit, daß ich die Katze aus dem Sack lasse. Nein, ich will wirklich nicht. Ich habe weder Geschick noch Neigung dazu. Ist mir völlig egal, ob alle anderen ... und ich als Einzige nicht ... Unbequem? Nö, find' ich eigentlich selten. Die "Anderen" haben jedenfalls sehr viel mehr Ärger als ich. Nein, nein, ich habe nicht das Gefühl, meinen Mitmenschen zur Last zu fallen. Ob ich mir nicht komisch vorkomme? Doooch, dauernd. – Aber liegt das an mir?

Ja, so geht's mir oft. Ich habe den in unserer Gesellschaft üblichen Initiationsritus wissentlich und willentlich versäumt. Ich habe mit 18 nicht den Führerschein gemacht. Auch mit 25 nicht. Auch mit 28 nicht. Auch in Zukunft habe ich nicht die Absicht, mich der Prozedur zu unterziehen. Nein, nicht wegen der Umwelt. Obwohl der "Fortschritt" Verheerungen anrichtet, die wir noch gar nicht absehen können. Ich finde keine Worte, die das, was ich darüber denke, treffend ausdrücken können. Aber trotzdem, auch wenn es ein absolut umweltfreundliches Auto gäbe – ich würde es nicht fahren. Und auch die vielen Unfälle sind nicht der Grund für meine Verweigerung. Obwohl mir auch dafür die Worte fehlen. Nur um unserer Bequemlichkeit willen richten wir Jahr – ach, was – Tag für Tag ein gewaltiges Blutbad an.

Aber trotzdem, auch wenn Autofahren absolut sicher wäre, ich würde nicht fahren. Es widerspricht mir eben ganz und gar. Ich fahre Rad, Bus (ist zwar auch ein Auto, aber wie ich ohne Busfahren auskommen soll, weiß ich nicht) oder Bahn. In den letzten Jahren gewinne ich immer mehr Verständnis und sogar Zustimmung für meine Haltung. Manchmal fürchte ich, ich könnte so eine Art Pharisäerhaftigkeit entwickeln. So nach der Melodie: ich bin nicht schuld am Waldsterben. Ich habe Freunden und Bekannten, die Auto fahren, noch nie Vorwürfe deswegen gemacht. Aber manchmal habe ich den Eindruck, als sei ich ein lebendiger Vorwurf. Und nicht nur das. Ich bin noch Marktfrau, Portraitzeichnerin, Hausfrau (aber miserable), Geschichtenerzählerin, Tagesmutter und Mutter dreier verschiedener Kinder mit drei verschiedenen Vätern. Außerdem mache ich die größten Seifenblasen von ganz Schleswig-Holstein!

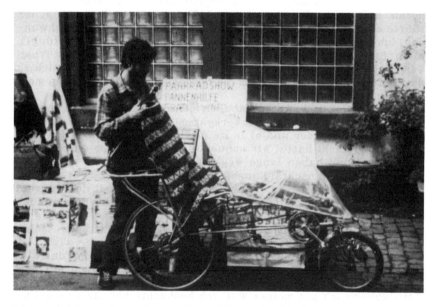

Das erste Eigenbau-Liegerad von P. Mickenbecker
Mit Wetterverkleidung, hinten gefedert mit verstellbarer Sitzlehne, Lenkung über Lenkhebel und Seilzubehör.

Alle Abbildungen in diesem Buch werden in den Beiträgen von Peter Mickenbecker, Rolf Disch und Hansjörg Hummel erläutert.

Martin mit Roswitha Herrig (Berlin)
Streit

Das Auto zum Sündenbock zu stempeln, ist müßig. Hinter seiner steht unsere Entwicklung zu Maschinisierung von Denken und Handeln[1]. Ich, Martin, 29 Jahre, bin seit dem 19. Lebensjahr Lenker eigener und fremder Wagen. Es hat Spaß gemacht, war besonders toll, wenn ich an Rallyes teilnahm. Und kein Weg ist zu kurz gewesen, daß ich ihn nicht mit dem Auto bewältigte! Einziges Problem blieben steigende Benzinpreise. Der Wagen war Gesprächsthema und beim Treff mit Freunden immer dabei.

Mit der Zeit aber begannen die ersten Zweifel an meinem Autofahrerglück zu nagen – wie an meinem Käfer der Rost. Die Zweifel wuchsen zu einem alle Fahrten begleitenden schlechten Gewissen heran. Saß ich im Wagen und sah Radfahrer und Fußgänger, schon rührte es sich – das Gefühl von Spaß am Autofahren war verschwunden. Ich fühlte mich unwohl hinterm Lenkrad (in Sportausführung!), allen Entschuldigungen, die ich für jede Fahrt fand, zum Trotz. Gespräche bestärkten mich in meinen Zweifeln und führten mich zu dem Entschluß, mein Wissen um die Gefährlichkeit des Autos in mein Handeln umzusetzen.

Endlich! Vor drei Jahren habe ich mein Auto abgeschafft und bin auf Fahrrad und öffentliche Verkehrsmittel umgestiegen. Seitdem fühle ich mich wieder wohler in meiner Haut. Wie abhängig ich mich vom Auto gemacht hatte! Wir wohnen in Frohnau, einem Außenbezirk von Berlin, und haben lange Wege. Trotzdem komme ich ohne Auto – mit kleineren Einschränkungen bei Großtransporten – gut zurecht. Selbst der Besuch in der Philharmonie am Abend ist mit dem Fahrrad möglich. Was ist mir nicht alles in meinen fahrenden Vierwänden entgangen! Erst jetzt auf dem Rad erlebe ich wieder Kontakte zu mir vorher fremden Menschen, Nähe zur Umwelt, zu den vielen interessanten Ecken Berlins.

Leider geht das nicht ohne Berührung mit Autos. Jede Tour wird ein wahrer Kampf gegen mich schneidende Wagen, Wagen auf dem Radweg, zu dicht vorbeifahrende Wagen oder einfach nur Wagen. Zurückbleibe ich mit meiner Wut. Ich beobachte bei mir eine wachsende Aggressivität gegen Autofahrer, die mir nicht gefällt. Ein Miteinander im Leben mag ich allemal lieber – sind dafür aber die Chancen auf Autos und Fahrräder nicht ungleich verteilt, – von vornherein?

Im Bekanntenkreis, bei Verabredungen mit Freunden, bei Besuchen, in Gesprächen, wenn irgendwer zum Flugplatz muß oder zum Bahnhof, es ist ein ständiges Sichwehrenmüssen gegen die Tatsache

---

[1] Lest dazu bei weiterem Interesse: Arno Bammé, Maschinenmenschen, Mensch-Maschinen, Reinbek 1983

Auto: sei es das Fahren-Sollen, sei es das vermeintlich nette Angebot zum Mitfahren. Schließe ich Kompromisse, fühle ich mich schlecht, denn so groß ist der Unterschied zwischen Lenken und Mitfahren nicht. Aber es ist auch nicht einfach, Strecken mit Rad oder Bus zu fahren, die andere parallel mit dem Auto erledigen. Einige halten mich deshalb schon für eine ziemlich exotische Erscheinung.

Das Problem Auto verfolgt mich bis in die Zweierbeziehung. Denn Roswitha hat noch ihr Auto, für sie gibt es genug Gründe, es zu nutzen. Sie erkennt zwar seine Gefährlichkeit, setzt aber ihr Wissen, finde ich, nicht um. Das werden oft aufreibende Diskussionen für und wider die motorisierte Vernunft. Mimik, Gestik und Tonfall sind nicht wiederzugeben, nur soviel, wir werden im Laufe eines Gespräches zunehmend aggressiver, lauter, richtig streitbar. Das gefällt uns beiden später nicht, aber das Auto ist nun mal ein ganz kritischer Punkt.

Wie solche 'Gespräche' entstehen? Eigentlich ganz einfach. Zum Beispiel brauche ich nur von einer Fahrt mit dem Rad wiederzukommen. Garantiert habe ich mich über Autofahrer geärgert, habe gemeckert und auch Rückspiegel umgelegt (bei Radwegparkern). Wenn ich dann so richtig erbost nach Hause komme und meine Erlebnisse Roswitha erzähle, mich dann noch etwas reinsteigere und auf alle motorisierten Zeitgenossen sauer bin, kann es schon losgehen:

Roswitha: Findest du es nicht ziemlich schlimm, wie aggressiv du dich gegenüber den Leuten verhältst? Und daß du die Autos beschädigst, ist ja wohl auch nicht richtig. Sollten nicht im Straßenverkehr die Menschen freundlich und rücksichtsvoll miteinander umgehen?
Martin: Zum einen werden die Rückspiegel und Scheibenwischer nicht beschädigt, wenn ich sie umklappe. Ist ja nur eine kleine Erinnerung. Und außerdem wird wohl hier das Pferd von hinten aufgezäumt. Ich bin doch als Radfahrer oder Fußgänger gezwungen, in irgendeiner Weise auf die von Autos, ich meine Autofahrern mir entgegengebrachte Aggressivität zu reagieren.
Roswitha: Gewalt erzeugt Gegengewalt, und Aggressivität erzeugt neue Aggressivität. Soll das der Umgangston zwischenmenschlicher Beziehungen sein? Ist das die Basis für ein Miteinander? Egal um welches Problem es sich handelt in der Gesellschaft, in einer Gruppe oder in einer Familie, ich muß den anderen Menschen als gleichberechtigt ansehen.
Martin: Seit wann sind im Straßenverkehr alle gleichberechtigt? Schon von der Anlage der Verkehrswege scheint es für Autofahrer nur Rechte zu geben, unter die sich alle anderen unterzuordnen haben. Und so tun viele Autofahrer so, als ob ihnen die gesamte Straße, alle Radwege und der Bürgersteig gehören. Was einem als Nicht-Autofahrer an Möglichkeiten bleibt, wird dann oft noch mit einer Selbstverständlichkeit von Autofahrern beschnitten, die einen

wahrlich ankotzen kann. Beispielsweise machst du einen Autofahrer freundlich darauf aufmerksam, daß er mit seinem Wagen auf dem Radweg parke und die Radfahrer behindere. Pampige Antwort: "Hol doch die Polizei!" Und da soll ich ruhig bleiben?
Roswitha: Aber wenn du dich dann mit deinen Mitteln auf dieselbe Stufe stellst, wie die Leute, die du verurteilst, findest du das vielleicht gut?
Martin: Jaaaaa, das sagt sich so leicht. Bis zu einem gewissen Punkt versuche ich auch ruhig zu bleiben, obwohl ich immer mehr daran zweifele, ob das besser ist. Doch wenn du auf deiner Fahrt von ca. 40 km mindestens dreimal fast über den Haufen gefahren wirst, weil sich kaum ein Autofahrer um Radfahrer kümmert, wenn du dann noch auf dem Radweg geparkten Autos ausweichen mußt, zusätzlich zu Bauschutt, Hundekot und Krümelglas von Autounfällen, wenn du dich auf mit offenbaren Mordabsichten angelegten Radwegen durch Fußgänger und parkende Autos durchschlängeln mußt, möglichst knapp an Hauseingängen vorbei, weil scheinbar nur dort Platz für eine 'Art von Radweg' war, wenn dir dann noch Autotüren genau vor deinem Vorderrad aufgerissen werden, dann kannst du zu dem allen nicht mehr nur lächeln.
Roswitha: Aber das hängt doch damit zusammen, welchen Stellenwert die Radfahrer innerhalb der Verkehrskonzeption einnehmen. Wenn die Verkehrsplaner bei der Anlage von Radwegen mehr auf die Bedürfnisse der Radfahrer eingehen würden, z.B. hohe Grünstreifen zwischen Fahrbahn und Radweg oder Radweg und Fußweg pflanzten, dann wären Behinderungen unwahrscheinlicher, und die Autos könnten nicht mehr auf Rad- und Fußwegen geparkt werden. Wenn du mit der Anlage der Verkehrswege nicht einverstanden bist, dann ist es der falsche Weg, deine Mitmenschen mit Sanktionen zu belegen. Dafür sind ja wohl die Stadtplaner verantwortlich. Du läßt deine Aggressivität demnach an den falschen Leuten aus. Hier bewirkst du keine Veränderungen.
Martin: Über jede grünere Verkehrsplanung würde ich mich freuen, obwohl zu sehen ist, daß auch Grünstreifen und Sträucher gerne von Autofahrern zwecks Parkwunsch plattgewalzt werden. Wo FS sind, da ist auch ein Weg. Aber es sind doch nicht die Verkehrsplaner, die die Leute dazu zwingen, sich ein Auto zu kaufen, damit Fahrten zu unternehmen, auf Radwegen zu parken und anderes mit dem Auto anzustellen. Dahinter stehen doch wie auch immer geartete Entscheidungen der Menschen, die ein Auto benutzen. Wenn mir unsere Lebensweise nicht gefällt, wenn ich der Meinung bin, wir zerstören unsere Umwelt, gefährden menschliches Leben, dann muß ich die Verantwortung auch bei mir selber suchen und kann mich nicht nur auf irgendwelche öffentlichen Institutionen berufen oder mein Handeln mit vermeintlichen Sachzwängen erklären. Jeder Mensch muß Verantwortung für sein Handeln übernehmen und dann kann er auch für sein Handeln verantwortlich gemacht werden. So gesehen spreche ich genau die richtigen Leute an, wenn ich Auto-

fahrer darauf aufmerksam mache, daß sie auf dem Radweg parken, ihr Auto vor dem Zeitungskiosk unnütz die Luft verpesten, wenn sie es laufen lassen, oder daß sie nicht jeden Mist mit dem Auto erledigen müssen. Entschuldigungen für das Autofahren findet man immer. Das weiß ich noch von mir. Aber sie treffen nur in den wenigsten Fällen auch zu.

Und eins ist für mich dabei ganz wichtig. Als Radfahrer oder Fußgänger gefährde ich mit einiger Rücksicht niemanden oder schädige Umwelt und Gesundheit. Ein Auto ist aber von seiner Konstruktion und Funktionsweise schon Gewalt gegen Menschen und dann speziell meine Person. Stinkende Abgase, Lärm, Unfallgefährdung und der intensive Straßenbau zerstören auch meinen Lebensraum und behindern mich in meinem Leben. Jeder Autofahrer nimmt sich also das Recht heraus, andere Menschen zu verletzen und im Extremfall auch zu töten. Für Radfahrer und Fußgänger sind Autos, gelenkt von Menschen, die diese Technik kaum beherrschen können, die sich in vielen Fällen von Bequemlichkeit, Geschwindigkeitseuphorie, Statusgehabe und dem Egoismus der eigenen Windschutzscheibe leiten lassen, eine stete Gefährdung.

Und eine Gesellschaft, die sich mehrheitlich über den Tritt auf das Gaspedal definiert, unterstützt sie darin noch: 'Freie Fahrt für freie Bürger', bei solch dümmlichen Sprüchen[1] kannst du doch verzweifeln! Jeder Autofahrer tut mir mit seinem Auto Gewalt an. Dagegen ist ein umgeklappter Rückspiegel ja wohl nur eine bescheidene Gegenwehr.

Roswitha: Da könnte ich natürlich fragen, ob du es bei der 'bescheidenen Gegenwehr' belassen willst, oder ob du diese intensivieren willst? Nicht nur Rückspiegel umklappen sondern auch Reifen aufschlitzen?

Martin: Dann würden die Karren ja noch länger auf dem Radweg stehen.

Roswitha: Ha, ha. Trotzdem mußt du nicht so aggressiv werden. Irgendwann bekommst du dann mal Prügel. Geparkten Autos kannst du ja auch mal ausweichen.

Martin: Irgendwie scheinen wir uns nicht zu verstehen, was wohl auch daran liegt, daß du kaum mit dem Rad unterwegs bist, nur mal sonntags im Sommer durch den Wald. Als Autofahrerin bekommst du doch nichts mit. Die Welt durch die Scheibe betrachtet sieht wohl etwas anders aus.

---

[1] "Freie Bürger fordern freie Fahrt", autobahntypisch weiß-blauer Aufkleber des ADAC, Frühjahr 1974, Versuch, "den Zustand und die Bewußtseinslage aus der Zeit vor der Krise" (vor Ölschock und Sonntagsfahrverbot) wiederherzustellen, aus: Helmut Frei, 100 Jahre Automobil, 17. Nov. 86, Südfunk 2 (Rundfunkmanuskript).

Roswitha: Das mag sein, ich kann nun mal nicht so weite Strecken mit dem Rad fahren. Aber gib doch zu, daß viele Gefahrenmomente dadurch entstehen, daß du immer so schnell fährst.
Martin: Ja, muß ich denn mein Fahren allen Autofahrern und einer verkorksten Verkehrsplanung unterordnen? Wenn ich mit dem Fahrrad fahre, will ich ja auch in einer angemessenen Zeit mein Ziel erreichen. Und du kannst annehmen, daß ich im eigenen Interesse genau aufpasse, wie ich fahre. Unter ein Auto eines Scheuklappenmotorisierten zu kommen, habe ich nicht vor. Autos dürfen ja für die Stadt viel zu schnell fahren. Schon bei 50 km/h haben sie oft keine Chance, Gefahrensituationen auszuweichen. Und die Geschwindigkeiten erreiche ich mit dem Rad doch bei meinen Fahrten nicht. Anscheinend geht es dir hauptsächlich um das ungetrübte Fortkommen der Autos?
Roswitha: Aber es geht doch um die Frage, ob du dich auf einen Kleinkrieg mit Autofahrern einlassen willst oder an anderer Stelle effektiver ansetzen willst. Dieser zwischenmenschliche Kleinkrieg zwischen Radfahrern und Autofahrern führt doch zu keiner Veränderung. Du muß doch auf die verantwortlichen Stellen einwirken.
Martin: Um die eigene Lebensweise und das Verhältnis zur Umwelt zu verbessern, kann keiner darauf warten, daß von oben vorgeschrieben wird. Da kannst du lange warten. Jeder muß bei sich selber anfangen. Nebenbei, welcher Autofahrer betrachtet denn andere Menschen als gleichberechtigt, wenn er ihnen mit seinem Wagen den Lebensraum vermiest?

(Ungefähr hier wird die Diskussion dann zu einem persönlichen Streit zwischen uns, was wir eigentlich beide nicht wollen. Meist eingeleitet wird er durch die Frage von Martin: Wann verkaufst du eigentlich dein Auto? Du wolltest dich doch schon längst mal entschieden haben.)

Roswitha: Im Grunde hast du ja recht, mit dem, was du über das Auto sagst, nur deine Mittel gefallen mir nicht. Deine Entscheidung, auf das Auto zu verzichten, finde ich gut. Ich bin aber noch nicht soweit, auf das Auto verzichten zu können. Ich brauche momentan den Wagen, um meinen ganzen Verpflichtungen nachkommen zu können. Gerade jetzt im Referendariat habe ich unheimliche Zeitprobleme. Ich muß zur Schule, zu den Schulen anderer Referendare, zum Seminar oder zur Bibliothek. Dann muß ich noch meinen Unterricht vorbereiten und nachbereiten, muß Material besorgen. Einkäufe und Besuche kommen noch dazu. Das kann ich nicht alles mit dem Fahrrad oder der BVG schaffen. Ich mache mich schon so kaputt genug, da will ich wenigstens schnell und bequem nach Hause kommen.
Martin: Das mit der Bequemlichkeit sag mal Eltern von an Pseudokrupp erkrankten Kindern. Davon abgesehen, findest du es gut, wenn die Lehrerausbildung nur noch nach dem Motto: 'Lehrer

hat Auto' organisiert wird? Außerdem hast du doch noch nie ausprobiert, ob du deine Wege nicht auch ohne oder wenigstens mit weniger Autofahren bewältigen kannst. Busfahren z.B. kostet doch nicht einfach mehr Zeit, du kannst während der Fahrt doch schon gedankliche Arbeiten machen oder was lesen. Zugegeben, du hast jetzt viel zu tun, und viele Sachen lassen sich nur schwer ohne Auto transportieren. Aber das sind doch die wenigsten Fahrten, die gemacht werden und die du machst. Oft ist es doch reine Bequemlichkeit und Gewöhnung, wenn alles mit dem Auto erledigt wird. Ich kenn' das doch noch von mir, da war auch kein Weg zu kurz, als daß er nicht mit dem Auto, dem geliebten, gefahren werden mußte. Irgendwann mußt du dich aber fragen, ob du für deine Fahrerei das in Kauf nehmen willst, was du mit dem Auto anrichtest. Ich kann das nicht mehr und bin froh darüber.

Roswitha: Ich laß mich hier aber nicht von dir zum Sündenbock stempeln. Wie gesagt, bei dir war das auch ein längerer Prozeß, du bist lange genug selber mit dem Auto gefahren. Dann laß mir aber bitte auch die Zeit, um mich zu entwickeln. Und außerdem ist Umweltschutz nicht nur damit verbunden, das Auto abzustellen. Du hast jetzt diesen Schritt getan, andere gehen andere Wege. Ich auch. Bei mir dauert das eben etwas länger, mein Schritt ist erstmal, nur noch bleifrei zu tanken, und wenn möglich, auch auf das Auto zu verzichten.

Martin: Wie lange willst du denn noch mit einer weitergehenden Entscheidung warten? Ich verstehe nicht, wie du bei allem, was du über das Auto weißt, noch damit fahren kannst, jedenfalls in dem Umfang.

Roswitha: Vielleicht kannst du das nicht mehr verstehen. Für mich bedeutet das Auto momentan auch ein Stück Freiheit. Freiheit, jederzeit irgendwo hinfahren zu können.

Martin: Aber du lebst doch deine Freiheit auf Kosten anderer aus. Jedesmal nimmst du in Kauf, einen Unfall zu bauen, einen Menschen totzufahren, Menschen zu belästigen und die Umwelt zu belasten. Denk mal daran, wenn jemand unseren Kater überfahren würde, erinnere dich an den Vogel, den du überfahren hast. Du weißt doch noch, wie dir da zumute gewesen ist. Und dies z.B. nimmst du jedesmal wieder in Kauf, wenn du dich hinter das Lenkrad setzt. Letztendlich sind es die Abgase deines Autos, die ich beim Radfahren abbekomme.

Roswitha: Ich stimme dir ja inhaltlich zu und würde ja auch gerne danach handeln, doch momentan schaffe ich das nicht. Und du kannst mir doch auch nicht deine Meinung und dein Handeln aufzwingen. Für eine Entscheidung ist es noch zu früh, ich bin eben noch nicht so weit. Kannst du denn das nicht tolerieren?

Martin: Ich kann dich vielleicht verstehen, doch muß ich ja wohl nicht tolerieren, wenn ich von Autofahrern ihren Lärm, ihre Abgase, die Gefährdung und von der Autogesellschaft die Zerstörung meines Lebensraumes und meiner Lebensweise aufgezwungen bekomme. Das ist auch Zwang, und den kann und will ich nicht tolerieren. Es geht nicht darum, dir etwas aufzuzwingen. Ich habe, wie du schon gesagt hast, auch länger für die Entscheidung gebraucht, meinen 'geliebten' Käfer aufzugeben. Schon früh war mir zwar im Kopf klar, daß Autofahren wohl nicht nur eine schöne Sache ist, die Spaß macht. Das aber auch umzusetzen, besonders wenn man an seinem Auto hängt, war bei mir ein ganz schön langer Weg. Da wäre ich froh gewesen, jedenfalls im nachhinein, wenn mich jemand dabei unterstützt hätte, mich vielleicht auch mal getrietzt hätte. Dann wäre ich vielleicht auch schon früher auf den Trichter gekommen. Heute kann ich herzlich darüber lachen, wie ich mich an ein Auto gehängt habe, Namen geben, putzen, 'hätscheln' und solche Sachen. So eine Person, die ein bißchen schlechtes Gewissen ist, immer wieder auf die Unvereinbarkeit von Auto und Mensch hinweisend, möchte ich auch bei dir sein, ohne dabei Zwang auszuüben. Deine Einsicht, die du eigentlich schon hast, soll nur bestärkt werden. Aber du mußt mir zugestehen, daß ich versuche, die Zeit, die du für die 'entscheidende Handlung' brauchst, so weit wie möglich abzukürzen, einfach wegen des Gewaltcharakters des Autos. Und wenn ich dich dränge, geschieht das vor dem Hintergrund, daß ich die Erfahrung gemacht habe, sehr gut ohne Auto auszukommen.

So ein Gespräch kann dann noch lange weitergehen. Ein Wort gibt das andere – sauer werden wir beide. Irgendwann merken wir, daß wir einen Punkt erreicht haben, an dem wir uns nicht mehr weiterbewegen. Wir müssen uns an so einer Stelle erst wieder vertragen (die persönlichen gegenseitigen Anfeindungen und Vorwürfe sind nicht auf das Papier zu bringen). Dann schließen wir einen Kompromiß; Roswitha verstärkt ihre Bemühungen, das Autofahren zu verringern, und ich versuche, ihr nicht meinen Willen aufzudrängen, sondern ihr als kritischer Beobachter zu helfen. Denn dabei braucht jeder Hilfe, Unterstützung und Auseinandersetzungen. Wenn jemand beim Nachdenken über das eigene Autofahren allein bleibt, so behält die 'motorisierte Vernunft' wahrscheinlich doch die Oberhand.

Klaus Geßlein (Stuttgart)
Gedanken eines Frustrierten

Befindet man sich in Gesellschaft von Menschen, die bereits so alt sind, daß sie Automarken unterscheiden können, so kommt über kurz oder lang das Gespräch aufs Auto. Solche Gespräche über Reifenbreiten und Höchstgeschwindigkeiten oder im alternativen Lager über die Beschaulichkeit einer Fahrt mit Tempo 80/100 und den sagenhaft niedrigen Spritverbrauch auf der Reise nach Südfrankreich wirken auf einen aus Umweltschutzgründen autolosen Menschen nicht sehr anregend. Man zieht sich also schnell zurück. Aus seinen Träumen von einer autofreien Gesellschaft wird man aber mit an Sicherheit grenzender Wahrscheinlichkeit aufgeweckt durch die Frage, welches Auto man fahre.

Die einfache Antwort "Keines!" gibt man nur einmal, denn die auf diese Antwort folgenden mißtrauisch- bis ungläubigen Blicke graben sich tief ins Innere ein und wecken absolutes Verständnis für das Seelenleben eines bunten Hundes. Also läßt man eine von Mal zu Mal ausgefeiltere Rede vom Stapel, in der man die vom Auto ausgehende Belästigung für jeden einzelnen erwähnt, überleitet zur Umweltverschmutzung, den Aspekt der durch den Kfz-Verkehr entstehenden gesellschaftlichen Probleme kurz streift und schließlich die in all diesen Punkten wesentlich besser abschneidenden öffentlichen Verkehrsmittel erwähnt. Hat man nun den Schlußsatz "... und deshalb habe ich mein Auto verkauft!" beendet, wird sich, so noch vorhanden, der letzte verbliebene Zuhörer nach dem Motto "dem Kranken nicht widersprechen!" unter einem mitleidigen Lächeln bemüßigt fühlen, etwas zu sagen, ungefähr: "Du, das find ich echt gut, du, ich könnte das nicht, ich brauch meinen Wagen, um ..." worauf häufig eine dünne, vor Schmerzen laut brüllende, weil brutal an den Haaren herbeigezogene Erklärung folgt.

Hat man sich trotz dieses gesellschaftlichen Ausstiegs einen Bekanntenkreis erhalten, oder arbeitet man z.B. bei den Grünen mit, so ergibt sich hin und wieder das Problem, daß man gemeinsam mit anderen Menschen eine Ortsveränderung vornehmen will oder muß. Da es der Umwelt gleichgültig ist, ob Abgase, Lärm etc. von einem Auto ausgehen, das mit einer oder mit vier Personen besetzt ist, versucht man als umweltbewußter Verkehrsteilnehmer, seine potentiellen Mitfahrer zur Mitbenutzung der öffentlichen Verkehrsmittel zu bewegen. Die lieben Mitmenschen und Mitgrünen schalten nun aber erst den großen Frustrationsnachbrenner ein.

So wird in der Einladung die Anfahrt mit dem PKW genau beschrieben, Schilder für Autofahrer werden aufgestellt, Tagungsbeginn und -ende werden nach Autofahrergesichtspunkten gewählt, aber daß der Ort der Landesversammlung auch noch einen Bahnhof hat und wie man von diesem zur Versammlungshalle kommt, wird tatkräftig verschwiegen.

Nicht zu reden von der Vorstellung, Tagungsbeginn und -ende

sowie Tagungsort nach den Verbindungen mit öffentlichen Verkehrsmitteln auszuwählen. Und beim Vorbereitungstreffen wird einem von den lieben Mitdelegierten des Kreisverbandes haarklein vorgerechnet, wie wenig es kostet, wenn man die Benzinkosten für den äußerst sparsamen Golf durch die Vielzahl von Mitreisenden teilt (dazu: 1. man sieht auf den Parkplätzen bei der An- und Abreise sehr viele nur zu 2/5 besetzte Blechkisten; 2. das Kostenargument kennen wir von den Kraftwerksbetrieben, die sagen, ihre Kunden wären nicht bereit, für entschwefelten Strom d.h. Umweltschutz wirklich mehr zu bezahlen, was ja offensichtlich, wie wir hier selbst beweisen, stimmt), man bekommt mitgeteilt, daß es mit dem Zug ja mindestens ...zig länger dauere, daß zur fraglichen Zeit kein Zug fahre (alles ohne Blick in den Fahrplan) und ähnlich stichhaltige Argumente mehr. Und immer erkennt man in den Augen der anderen diesen mitleidig gequälten Schimmer: "Ach ja, dieser Pufferküsser" (Pufferküsser sind Menschen, die zu einer Eisenbahn ein ähnlich erotisches Verhältnis haben wie die Mehrzahl der Normalbürger zu ihrem Auto ...). Oder, schlimmer noch, man unterstellt wirtschaftliche Motive: "der Mann von der Bundesbahn".

Aber man gewöhnt sich an alles, und so freut man sich dann schon, wenn auf der Fahrt zur Mitgliederversammlung ein Mitgrüner die Straßenbahn betritt, und glaubt an eine Revolution, wenn dies zwei oder drei tun, man läßt sich bewundern, weil man die Abfahrtszeit seiner Linien kennt, und fungiert als Fahrplan- und Tarifberater. Was einen jedoch vor dem Sturz in tiefste Verzweiflung rettet, ist die Erkenntnis, daß es noch ganz vereinzelt Menschen gibt, die der Automobilitis nicht verfallen sind, – oder nicht mehr?

Veronika 'Freedom' Rampold (Riedmoos)
Inkonsequente Veronika?

Ein Briefstreit

Lieber Henner,
  Ich bin Nicht-Autofahrerin, 22, Medizinstudentin und habe keinerlei Führerscheine.
  Mein Vorsatz ist, die Fahrerlaubnis erst dann zu erwerben, wenn Aussicht besteht, daß ich aus Berufsgründen ein Auto haben muß. Denn: Mache ich den Schein früher, so muß ich auch früher ein Kfz fahren, um in der Übung zu bleiben. Das aber bedeutet: unnötig in die Luft geblasene Abgase, denn ich brauche kein Kfz für mein persönliches 'Fortkommen'. Außerdem: der viele Ärger und die vielen Ausgaben, die der Kfz-Besitzer hat! TÜV, Steuer, Parkplatz, Garagenplatz, Tanken, Öl, Reparatur ... o du lieber Himmel!! Mir langst's schon, wenn mein Radl alle Augenblicke einen Platten hat.
  Alles liegt mir in den Ohren: 'Mach den Führerschein!!' Man argumentiert, ich hätte später weniger Zeit, könnte billiger Urlaub machen, müßte im Winter beim Einkaufen nicht frieren (der nächste Supermarkt ist 4 km weit weg) usw. **Wischiwaschi! Wenn** ich mal Auto fahren will, mache ich Autostop.
  Eine Zukunft ohne private Autos kann ich mir durchaus vorstellen. Ich träume sogar von ihr. Ich sehe mich in einer Fahrrad-Rikscha, auf dem Rücksitz meine Mutter oder meinen Freund, über die endlich wieder schmalen und baumgesäumten Straßen kutschieren, gemütlich mit 20 h/km, bei Gegenwind mit einem kleinen Elektro-Hilfsmotor, bei 'Sauwetter' mit herunterklappbarem Regendach, ab und zu von einem zweistöckigem Linienbus oder einem surrenden Elektrogefährt überholt (der Strom stammt natürlich nicht aus AKW's!!) Wär das nicht schön?? Und in der Stadt - Schluß mit der Warterei an Fußgängerampeln, dem Gestank, dem Krach und der entsetzlichen grauen Betonöde! Platz für Menschen die auch mal auf einen Ratsch stehenbleiben, für Bänke und Blumen, für Musikanten und Straßencafés!
  Man möchte fast sagen: für eine Rückkehr von Kultur in die Asphaltdschungel. Traurig genug, daß ich irgendwann mal auch mit so einem blechernen Energiefresser rumkurven müssen werde. Aber eins ist klar: dann wird es das kleinste und sparsamste Modell sein, das ich auftreiben kann, und natürlich bleifrei.
  Ich fordere die Kfz-Besitzer auf: Benutzt öfter eure Muskelkraft zur Fortbewegung (damit meine ich aber **nicht** Autoschieben)!
  Und die Radler: Nehmt euch die Straßen! Macht sie 'unsicher' (natürlich innerhalb der Verkehrsregeln ...)! Und die Fußgänger: Laßt

euch nicht unterbuttern – besteht auf euren Rechten (z.B. gegen Falschparker)!

Mit grünen Radler-Grüßen

Veronika Rampold

Liebe Veronika,
   Ich möchte Dir ein paar Fragen stellen:
Du sagst: 'wenn Aussicht besteht, daß ich aus Berufsgründen ein Auto haben **muß**'. Warum müssen Ärztinnen (Ärzte) ein eigenes Auto haben? Die Ärzte machen keine Hausbesuche mehr, und in die Kliniken führen öffentliche Verkehrsmittel. Das Auto der Ärzte ist auch nur ein Status-Symbol.
– Du sagst: **'Wenn** ich mal Auto fahren will, mache ich Autostop'. Warum willst Du 'mal' Auto fahren?
– Wie soll die Welt schöner werden (und die Autos machen sie so häßlich), solange (auch) Dein **'will'** oder **'muß'** besteht? Setzt sich nicht die Verkehrsmasse (auch) aus den vielen kleinen **'wills'** und **'muß'** zusammen?
Ich habe ein Bild gehabt, als ich Deinen Brief las: Die Welt ist schön geworden, genau so schön, wie Du sie beschreibst; nur irgendwo in einem Keller steht ein Winzigbleifreieskatalysatorauto und wartet böse darauf, daß Du 'mußt' und 'willst'. Endlich!! Es ist soweit! Und es ist das erste, das wieder fährt. Gleich darauf fährt das nächste ... Es ist die Spitze der neuen Walze, die wieder durchs Land schleift. Ich bitte dich um Antwort auf die Fragen und auf die, die Dir noch von alleine beim Schreiben kommen,

Henner

Lieber Henner,
   Deine 150%ige Konsequenz in Ehren, aber was Du zu Autos von Ärzten meinst, stimmt nicht ganz. **Unser Hausarzt macht Hausbesuche, und ich will diese gute Sitte nicht aussterben lassen.** Soweit von wegen Statussymbol.
   Ansonsten hast Du natürlich Recht: ohne all die wirklichen oder eingebildeten 'will'/'muß' wäre die Verkehrsmasse nicht da. Die Frage allerdings ist die: muß ein 'Winzigkleinbleifreies... (usw.) im Keller' (oder tausend in ganz Bayern) unbedingt der Beginn einer neuen Walze sein? Möglich, aber nicht sicher!
   Ich bin wohl doch (noch) nur eine 90%ige, da ich, von der Berufsfrage mal abgesehen, auch durchaus bereit bin, Mitfahrgelegenheiten oder Autostop zu benützen, **wenn** ich das wirklich **brauche**.
   Beispiel: 7 Uhr früh, Januar, minus 20 Grad. Fahre ich Radl, laufen mir vor Kälte die Tränen unter und die Finger fangen zu schmerzen an, trotz Pelzhandschuhen. Mache ich Autostop zum Bahnhof, bleibt mir das erspart. Häufigkeit: circa 10 mal pro Jahr. Wenn

jeder nur dann Auto führe, wenn das Wetter so mies ist, daß man auf dem Drahtesel fast erfriert oder total durchnäßt wird, wäre das Auto doch gar kein solches Problem! Deine Einstellung zum 'Benzinfresser' scheint ja eine Art 'Alles-oder-Nichts' zu sein: entweder ich schau ein Auto nicht mal mehr an oder ich bin ein Mitträger der 'Automanie'. Ganz so extrem braucht man das doch nicht zu sehen, meine ich.

Was weg muß, sind
1. der Nimbus des Autos als Statussymbol
2. die aggressive Werbung fürs Autofahren und
3. last not least die Fehlentwicklung, daß Arbeits- und Wohnbereich endlos weit voneinander weg sind (ich kenne Leute, die täglich von Landshut oder Augsburg nach München zur Arbeit müssen. Andere wohnen auf dem Land, ohne Busverbindungen, und der nächste Supermarkt ist fünf, sechs Kilometer weg. Nicht jeder ist bereit, solche Wege mit Zug [Beispiel 1] oder Rad [Beispiel 2] zu bewältigen).

Kurz und gut: es werden immer ein paar Autos rumkurven, solange es keine saubereren Transporttechnologien im **Privat-Fernverkehr** außerhalb der Hauptwege gibt. Wenn es aber wirklich nur die paar sind, die der Vertreter oder der Landarzt benötigen, und ein paar Transporter vom Bahnhof zum Verbraucher, so kann man die tolerieren.

Zehn Prozent des heutigen Autoverkehrs als Ziel im Jahr 2010 - das ist hochgesteckt genug, aber noch realistisch. Wäre das nix?

Zum Schluß ein bißchen was über meinen **jetzigen** 'Rolls-Royce' - nein, es ist mehr ein **MAN-Schwerlaster**. Das Prachtstück hat eine Ladefläche von 90 x 60 cm, zwei stabile, aber schmalbereifte Räder und ist an meinem Drahtesel anzukoppeln. Erfahrungsgemäß bewältigt der Tuckle, bei gut aufgetanktem 200-Watt-Muskelmotor, 100-120 kg Last - allerdings im gemütlichen Zehnkilometertempo.

Gestern habe ich damit vier Bündel Briketts vom Kohlenlager geholt, vorigen Herbst mehrere Fuhren Erde oder Kartoffeln damit befördert. In diesem Jahr wird er noch oft voll Fichtenzapfen, Dürrholz oder Obststeigen für den Ofen sein. Ich bin mächtig stolz auf das Gefährt.

Was wir damit an Lieferkosten sparen und an Vorräten aller Art herbeischaffen können - für 150 Mark Neupreis, etwas Puste und drei Tropfen Öl! Wenn ich mit dem Karren - er ist leuchtendgelb gestrichen und voller Öko-Sticker, auf der Seite steht der Name **Futurecar**, durch Lohhof zuckle, komme ich mir richtig wie ein Stück Zukunft vor. Und weißt Du, was ich diesen Sommer mit dem Ding vorhabe? Organische Abfälle aus Haushalten sammeln, um sie zu kompostieren. Ich möchte eine Art 'Kompost-Netzwerk' aufbauen helfen, denn auf die grüne Tonne können wir nicht mehr warten. Die da oben ringen sich in den nächsten zehn Jahren bestimmt noch zu keinem Beschluß durch (und wenn, zum schlechtest-möglichen!) Du siehst, - 'automan' bin ich nicht.

Ich hoffe, daß ich Dir nicht als Feigling erscheine, der nur halb zur guten Sache steht.
Ich sehe mich als Realistin mit konkreter Utopie. Let's stay on the way to Ecotopia! We are the future.

Veronika

Liebe Veronika,
   mein Lese-Eindruck war: sie handelt ökologisch viel bewußter, als sie sich selbst einschätzt. Das liegt daran, daß sie erst in grauer Zukunft ein Auto haben wird und heute in der grünen Gegenwart nur selten mitfährt. Zuerst zum 'heute':
   Du sagst: autofahren will ich nur bei Kälte von 20°minus, wenn das Radeln zum Pendel-Zug nach München zu frostig ist, vielleicht 10 Mal im Jahr. Aber 'jedermann' darf schon, wenn es nur schüttet.
   Meine Fragen sind:
- Es gibt Gegenden, da gießt es viel, mehr als anderswo. Würdest Du dort entsprechend mehr privaten Autoverkehr tolerieren?
- Gut, es ist oft kalt und naß, - aber gibt es nur die Alternative Auto zum Fahrrad? Ist die Alternative nicht vielmehr eine gute Mischung aus zu Rad, zu Roß, zu Fuß und in (vielleicht auch ganz neuartigen und öfter, auch nachts fahrenden) ÖffVerkMitteln, je nach Entfernung, Zeit, Lust und Wetter?[1]
- Ich hätte zusätzlich zu meinem 'Warum willst Du mal Auto fahren?' in meinem letzten Brief fragen sollen: Wenn Du dann in so einer Karre hockst neben einem unverdrossen regelmäßig Autofahrenden, fühlst Du Dich dankbar und gelöst, oder drängt es Dich einzuwerfen, daß Du sonst eigentlich nicht gerade für Autos schwärmst? Fährst Du, wo möglich, auch mal gleich bis nach München mit?

Nun zu 'Morgen':
   Du willst später als Ärztin wieder Hausbesuche machen. Das finde ich toll. Das ist aber erst in -zig Jahren, nach Studium und Praxis in Kliniken als Assistentin. Und schon jetzt führst Du Gründe für Dein zukünftiges Auto an? Weil es aufrichtig ist. Ja. Aber, - es **erweitert** auch Dein **Verständnis** für andere, und zwar schon **heute**: für die Supermarkt- und Arbeitsplatz-Pendler. Du scheust Dich, von den anderen, obwohl die nie und nimmer so eine Ausnahmefunktion auszufüllen gezwungen sind, zu verlangen, nicht so weiterzumachen

---

[1] In den neueren Aufklärungsbüchern über Radeln-Fußgehen-ÖffVerkMittel ist das Wetter ein Hauptpunkt. Die kaputten Autofahrenden (am Steuer, und die 'nur' mitfahren) werden dort beruhigt, so schlimm sei das Wetter von Natur aus nicht. In einem vorsichtigen zweiten Schritt wird es ihnen sogar als letztlich gesund empfohlen (für Fortgeschrittene)

wie bisher: also Auto zu fahren statt den Bedarf für ÖffVerkMittel hochzuschrauben. Was wird bei so viel Verständnis für andere aus Deiner praktischen Ökologie von heute im Jahre 1995? Ich habe dies Bild:

Da steht Dein Wägelchen herum neben allen anderen, deren Zahl gleich geblieben ist im Prinzip, etwas vielleicht gestiegen, um Deines, um dort noch eines und da auch, nicht alle können in der Scheune oder Tiefgarage stehen. So parken sie eben in der Landschaft rum. Nur wenn es mal richtig kalt wird, oder es regnet ganz fürchterlich, dann, mei, ist was los, und ab geht die Luzie.

Wohin, denkst Du, führt Deine Forderung 'Weg mit dem Nimbus des Autos' wirklich? Zur drastischen Reduzierung auf 10 % der heutigen Karren (wie es Dir vorschwebt) oder zur chicken Auto-Ideologie wie in den 50er Jahren oder in Frankreich: der Gebrauchswagen- und Kleinfahrzeugideologie? Hilft nicht gegen Rüstung nur 'Frieden schaffen ohne Waffen' (also selbst **keine** anzurühren), hilft nicht gegen krebsige Raucher nur selbst aktiv-militant nichtzurauchen, hilft nicht gegen den Nimbus des Autos nur: **selbst aussteigen**?

Die Ausnahmediskussion muß doch nicht geführt werden, bevor die Diskussion über die tödliche 'Regel' des Autos bei uns abgeschlossen, ja überhaupt erst mal in Gang gebracht ist!

Henner

PS: Frage: Was sind 'saubere Transporttechnologien im Privat-Fernverkehr außerhalb der Hauptwege'?

Lieber Henner,

Du hast Dich gewundert, weshalb ich an mich in Sachen 'ökologisch bewußtes Handeln' strengere Maßstäbe anlege als an meine Mitmenschen.

Die Antwort ist einfach: weil ich akzeptiere, daß die Belange der Umwelt den meisten Menschen weniger bedeuten als mir. Ich habe kein Recht, von den anderen zu fordern, meine Weltsicht zu übernehmen, denn es gibt so viele Realitäten, wie es Menschen gibt. Mir mag es nichts ausmachen, daß Radfahren mit Naßwerden, Frieren und Atemlosigkeit verbunden sein kann, aber anderen kann das ja zuviel sein, und ihre Prioritäten sind nicht weniger wert als meine.

Darum würde ich auch nicht zu einem Autofahrer, der mich zum Bahnhof fährt, sagen: "Ich mag Autos sonst nicht .." Denn wenn ich in dieser Situation das Auto nicht mögen würde, benutzte ich es ja nicht. Es wäre nur gouvernantenhaft und unglaubwürdig, anders vorzugehen.

Nun wirst Du aber sagen: "Wie setzen wir mit dieser Einstellung unsere Belange überhaupt durch?" Dieser Gedanke ist mir vertraut. Auch ich möchte es den Leuten oft mit dem Nürnberger Trichter einpauken, daß ihr sorgloses Ex-und-Hopp-Verhalten ihre eigene Zukunft ruiniert! Aber die Crux ist die: es **gibt** keinen Nürnberger

Trichter, und oktroyierte Weisheiten werden immer falsch aufgefaßt, umgangen oder pervertiert. Nur was ein Mensch aus freiem Willen glaubt und tut, ist fruchtbar. Darum bleibt Leuten wie uns nur der Weg des Vorlebens und Informierens. Wir müssen vermeiden, uns aufzudrängen oder unsere Wahrheiten absolut zu setzen.
 Anders ausgedrückt:

- Willst du Vernunft, so lebe vernünftig.
- Willst du Gemeinsinn, so praktiziere ihn.
- Willst du eine Utopie, so lebe sie hier und jetzt.

Kein anderer Weg führt sicherer zur Veränderung.

- Und lebt ein anderer das Gegenteil von dir,
  verschwende deine Kraft nicht auf Polemik
  und stehe zu deinem Weg.

Ob wir so die Utopie verwirklichen können, die uns vorwärts treibt, weiß keiner. Jedoch ich glaube, daß Zwang und Indoktrinierung uns auch nicht weiter brächten. Im Ostblock versucht die Partei, das Volk zu seinem Glück zu zwingen. Das Resultat: ein Volk von Bummelstreikenden! (Das ist ein allgemeines Gesetz, das man auch z.B. in der Schule sieht: wird etwas von oben befohlen ['du mußt'], geht der Antrieb, diese 'Pflicht' zu 'erfüllen', verloren).
 Doch nun zu konkreten Unklarheiten. Erst mal das Witterungsproblem: Ich gehe in meinen Vorstellungen davon aus, daß das Angebot an Fahrzeugen ähnlich dem heutigen ist. Daß also z.B. das überdachte Fahrrad, das bereits erfunden ist, noch nicht allgemein in Gebrauch ist, liegt das an überhöhten Preisen? Platzregen ist ein ernsthaftes Problem für Radler. Könnte es nicht sein, daß solche Neuentwicklungen sich doch mit der Zeit durchsetzen (besonders wenn unsereins dafür Propaganda macht oder selber so ein Gestell fährt)? Damit wäre die Situation schon erheblich anders.
 Zum andern: der Nimbus der Autos bewirkt zwar nicht 100 % der 'Automanie', aber führt doch zu der Vorliebe der (reicheren) Deutschen für große Wagen und mehrere Autos pro Haushalt.
 'Kleinfahrzeugideologie' ist doch besser als 'Mercedesideologie' (wenn auch viel zu wenig), ist doch ein erster Schritt! (Daß ich gegen diesen Nimbus auch nichts besseres zu tun weiß, als selber auszusteigen, habe ich ja wohl schon klar gesagt).
 Und: die Diskussion über die 'Regel' des Autos wird für den 'Otto Normalfahrer' solange inakzeptabel bleiben, als er mit der Forderung 'weg mit der Karre und basta' konfrontiert wird. Viele können nicht abrupt aussteigen (oder meinen das wenigstens).
 Darum muß man gleichzeitig klar sehen, daß es in der heutigen Verkehrs-, Arbeitsplatz- und Einkaufssituation (teure und schlechte ÖVM, Büro/Fabrik weit von daheim, 'Kaufmarkt' auf der grünen Wiese) für manche noch nicht ohne Benzinkutsche geht. Für **manche**,

nicht für alle! Hier ist eben wieder das 'du mußt' zu vermeiden, das zum Gegenteil des Beabsichtigten führt.

Ich persönlich finde es wichtig, daß in die 'Regel'-Diskussion verstärkt die Argumente eingehen, die der Durchschnittsbürger auch wichtig nimmt: nämlich finanzieller, bürokratischer und Zeit-Aufwand für das Auto. Vielen ist z.B. nicht klar, daß sie für ihr Gefährt viel mehr Geld ausgeben, als sie beim Einkauf im Großmarkt sparen können. Hier fehlt die publikumswirksame Information (warum wohl?). Ich habe diesbezügliche Überlegungen erst in wenigen Büchern und Infos gefunden, und die waren entweder zu kompliziert abgefaßt oder stammten von unbekannten Kleininitiativen, so daß ihre Auflage zu niedrig war.

Und zuletzt zu den P.S. ('saubere Transporttechnologien ...'). Hinter der (ich gebe zu) 'Gummiformulierung' steckt die Überlegung: Auf Hauptstrecken (z.B. München = Augsburg) gibt es stets genügend Möglichkeiten, mit ÖVM zu fahren. Auf Nebenstrecken ist die Reichweite des Autos pro Tag bis zu 1000 km (wenn sich 2 Fahrer am Steuer ablösen), des Rades höchstens 120 km; Elektroautos[1] entsprechen hier etwa dem Fahrrad wegen der schnellen Erschöpfung der Batterien; Pferdewagen u.a. stehen noch schlechter da, weil sie noch langsamer sind und keine geeigneten 'Park'-Möglichkeiten bestehen.

Was also soll Herr X aus Teltge, Kreis Münster, machen, wenn er Frau V in Hebertshausen, Kreis Dachau, besuchen will? Mit ÖVM wird's schwierig, wenn die Anschlüsse schlecht passen oder man tausendmal umsteigen muß, sowie bei viel Gepäck. Mit dem Rad ist's viel zu weit – schließlich hat Herr X ja keine Woche Zeit allein fürs Hinfahren.

Es besteht also die **Aufgabe**, entweder ein E-Auto mit langer Reichweite (oder Wasserstoffauto?) oder (besser) ein Rufbus-System zu entwickeln, das solche Wege bewältigen kann. Unter 'Rufbus-System' wäre eine Art modifiziertes Taxisystem zu verstehen: Kleinbusse (womöglich mit Gas- oder E-Antrieb) kommen auf Anruf vor die Haustür und befördern Herrn X (mit Gepäck, Kind und Kegel) zu jedem gewünschten Ort in der BRD, wobei es möglich sein sollte, zwischen 'Selbstlenken' und 'chauffeur y compris' zu wählen. Wie sowas finanziell erschwinglich zu machen wäre, ist mir allerdings schleierhaft – da müßte Vater Staat schon helfen.

Hast Du schon E. Callenbachs Buch 'Ökotopia' (Rotbuch Verlag) gelesen? Da steht viel Gescheites zu dem Thema 'Verkehr' drin. Ein Paket voll Mut zum Weitermachen schickt Dir

'Vera Allweil' Veronika

---

[1] über Elektro- bzw. Solarantrieb siehe Rolf Disch: Sonnenräder

Liebe Veronika,

Du sagst: Du legst Dir selbst strengere ökologische Maßstäbe an, 'weil ich akzeptiere, daß die Belange der Umwelt den meisten Menschen weniger bedeuten als mir'; ihre Prioritäten sind nicht weniger wertvoll als meine'. Diese Antwort weicht aus! sie sagt nichts über **Dein** Motiv. Ich will das erklären:

Deine 'Praxis' ist: einerseits lebst Du umweltbewußt, andererseits machst Du einen Kompromiß. Und von dem, also dem 'Malmitfahren', reden wir (weil es bei Dir Auswirkungen hat). Die seltenen paar Minuten Deines täglichen Lebens bestimmen Dich, zu entschuldigen, daß es (heute und morgen) Autofahrer gibt, viele, überall und rund um die Uhr. Als Kompromiß für Deine paar Minuten Mitfahren! Es ginge ja auch gar nicht anders. Du sagst es selbst: 'Denn wenn ich in dieser Situation das Auto nicht mögen würde, benützte ich es ja nicht'. Eben. Das steht auch in Verbindung mit Deinem Schwärmen von Fern-Taxis[1], das Du überhaupt nicht vereinbaren könntest mit Deinem Schwärmen für leere Straßen, Plätze, Musikanten und Dir im ersten Brief.

Was das 'anderen Vorleben' betrifft: Du lebst Autofahrenden, also praktisch allen, zwei Verhalten vor: vor allem Dein Umweltbewußtsein (das ich keine Sekunde lang bei allem vergesse) und Deine Inkonsequenz, von der wir reden: die Autobesitzer akzeptieren Deinen Kompromiß allenfalls als Legitimation für ihr eigenes Verhalten. Vorleben? Nein. Leben! Ich appelliere an Deinen Satz: 'Hast Du eine Utopie, so lebe sie hier und jetzt'. Ich bestärke Dich darin. Alles andere ist −erst rückblickend kann ich es so deutlich sehen− eine Innen-Spaltung der Linken, Sozialisten, Kommunisten, Aufklärer. Sie kritisieren die Welt ('sie ist schlecht') − sich selbst ausgenommen ('ich bin gut'). Aber die Lösung der Spaltung liegt doch nicht darin, jetzt die Auto(mit)fahrenden anzuerkennen (Deine Formel: 'sie sind wie sie sind' − 'ich bin wie ich bin'). Sie liegt in der gelebten Utopie ('ich mache es so, weil ich es für lebensnotwendig halte, unabhängig davon, ob andere folgen oder nicht'). Darin liegt auch die Abgrenzung zu anderen Autofahrern, die bitternötig ist.

Du sprichst viel von anderen, vom autofahrenden 'Otto N'[2]; ich

---

[1] Wut kriegte ich bei der reformierten Manie der 'neuen Beweglichkeit', ob mit Gas oder Elektro, die 'Dein' Fern-Taxi-Modell ansteuert. Ein so einfacher Hinweis schon reicht dagegen wie: legt nicht den ÖffNahverkehr lahm, baut ihn wieder auf und aus! Warum brütest Du technische Ausgeburten von Männerhirnen weiter? Antrag auf Nichtbefassung! Angenommen?

[2] natürlich hast Du Recht, es ist gut, ihm die Kostenrechnungen aufzumachen. Auf dem Wege zur Abschaffung des privaten Personenverkehrs sind alle guten Argumente sinnvoll, auch die ökonomischen, weil sie ja stimmen. Ebenso wie alle

nicht. Ich will wissen, warum Leute Auto fahren, die alternativ leben. Ich weiß inzwischen, nach all den Nachforschungen: so viele Autofahrer – so viele Gründe autozufahren. Aber das Motiv und die eigenen Widersprüche bleiben verborgen hinterm Gründe-Schild. Deshalb bestehe ich ja auf persönlichen Antworten; immer wieder. So jetzt auch bei Dir und stelle Dir (nach vielen 'Umwegen' konkreten Eingehens auf Deine Gedanken) die direkte Frage: **Warum Dein Kompromiß und wie lebst Du mit ihm?**

Jetzt ist der Briefwechsel zum Kern des Hin und Her zwischen uns gelangt: 'Was mache ich mit dem Auto? Dreimal: ich, ich, Ich?

Ich bedeutet: keine statements, weder über Dich noch über andere, keine Politik, Verkehrsprobleme, Zukunftsplanungen. Sondern die einfache Beantwortung (einfach? Nein einfach ist sie nicht) der Frage: Wie Du mit Deinem Kompromiß lebst?

Ich bedeutet: das Leben mit Deinem Kompromiß zu beschreiben (in Erlebnissen, Erinnerungen an Unbehagen, Zweifel, Erleichterung, eben all das, was einem Kompromiß zu folgen pflegt, wenn frau nichts verdrängt.

Henner

Lieber Henner,

hast Du Freunde in einem weiter abgelegenen Teil Deutschlands? Willst du sie auch öfter mal (d.h. mehr als 1 mal pro Jahr) besuchen?

Wenn nein, so hast Du gut wütend sein, wenn jemand, der solche Besuche nicht missen möchte, von Ferntaxis 'schwärmt' (übrigens schwärme ich gar nicht!!).

Wenn ja, so bewundere ich Deinen Grad an Hoffnung, nämlich darauf, daß 'die da oben' ein jedes 'Kaff' erreichendes, dazu preiswertes und auch noch gut organisiertes ÖVM-Netz einrichten werden! Mir ist dieser fromme Glaube schon vergangen.

Oder – 'tschuldige, wenn ich sarkastisch werde – willst Du per Pferdekutsche nach Lünemannshaven bei Emden (Ort erfunden), von München aus oder von Freiburg? Wieviele Tage Urlaub mußt Du dann nur für die Fahrt nehmen? Tut mir leid, sowas geht nur in Ökotopia, und bis die BRD 'ökotopianisiert' ist, dauert's noch hundert Jahre! Wenn das überhaupt jemals geht.

Siehst Du – hier ist das 'Warum'! Weil es in unserer jetzigen Gesellschaft, wo Zeit-Haben ein Privileg von Kindern, Greisen und Bummelstudenten ist, auf weiten Fahrten schnell gehen muß. Weil ich nur die Wahl habe, entweder daheimbleiben oder rasch ankommen. Und weil das Geld für weite ÖVM-Fahrten oft nicht reicht.

Da siehst Du! Nichts mehr von unerschütterlicher Hoffnung. Ich

---

sog. 'Kleinen Schritte' auf diesem Wege. Niemand hat dagegen gesprochen!

zweifele zutiefst daran, daß unser sozio-ökonomisches System sich so umgestalten wird, daß Langsamkeit kein Handicap mehr darstellt, ja, daß Hetze zur Unart wird – sie, die heute fast Tugend ist. Theoretisch ginge das natürlich, klar! Mittels Arbeitszeitverkürzung und einigen anderen Maßnahmen. Aber die Praxis? Wer setzt das durch??? Kein Tag vergeht bei uns ohne Demonstrationen. Was ändern sie? Fast nichts. Es werden höchstens ein paar Schönheitskorrekturen am alten Saustall vorgenommen, damit das Volk das Maul wieder hält. Und die meisten fallen mangels Denkvermögen drauf rein. Solange die 'Masse' so leicht abzuspeisen ist, ändert sich effektiv **nichts**. Wer oder was ändert die 'Masse'? Ich glaube, da kannst auch Du nur die Achseln zucken. ---

Also, nach diesem Einschub zurück zu der Frage nach **meinem** Kompromiß. Wie ich mit ihm lebe? Mit 'Zahnschmerzen'.

Ich bin froh, daß ich per Mitfahrt in Nachbars Auto weit ab wohnende Leute besuchen oder **sonst** schwer zu kriegende Werkzeugteile billig kaufen kann, weiß aber, daß diese Vorteile mit Umweltverseuchung erkauft sind. Trotzdem scheint es mir – hier, heutemanchmal nicht anders zu gehen.

Beispiel: In den Gartenmärkten rund um Schleißheim kostet ein kleines Frühbeet (1 qm) 200 Mark. Im 'Industriepark' die Hälfte. Als ich vor vier Wochen eines kaufen wollte, habe ich also das Problem gehabt: Wie kriegst Du das Ding nach Riedmoos?

Erste Überlegung: Nimm den Fahrradanhänger! Das schien anfangs ganz plausibel; nur, als ich dessen Maße (90 x 60 x 40) mit denen des Frühbeetdeckels (90 x 100) verglich, schied diese Möglichkeit aus (Am Ende kommst du heim und der Deckel ist hin! Nee danke!)

Zweite Überlegung: ÖVM. Diese Möglichkeit war denkbar mies-in den 'Industriepark' fährt man von Schleißheim aus mit ÖVM anderthalb Stunden, unter riesigen Umwegen. Dazu mit einem Frühbeetkasten im Schlepptau! Unmöööglich.

Blieb nur noch Nachbars Auto.

Du fragst, warum ich nicht das teurere Beet gekauft habe? Welche Frage! Einen Goldesel besitze ich bis heute nicht. Übrigens stellte sich heraus: der Beetdeckel war zweiteilig, das ganze hätte also doch in den Anhänger gepaßt! Scheiße!

Aber das konnte ich ja nicht vorausahnen.

So, Du sagst, ich hätte telefonisch anfragen sollen? Ja, nachher, da läßt sich leicht an alles denken, also wirf mir nicht mangelnde Umsicht vor, so wie Mann das so gern tut!

Gegenbeispiel: Vor sechs Wochen wurde bei uns ein Innenraum verputzt. Gegen Ende der Arbeit ging der Zement aus. Die Nachbarn boten an, den noch benötigten Zement – 2 Zentner – per Auto zu holen. Ich ging dazwischen: nein, das erledige ich per Fahrrad. Nach einigem Hin und Her und Gegacker meiner Mutter ("Warum willst du dich denn so plagen, das geht doch viel zu langsam, sei doch nicht so stur...") setzte ich mich durch und karrte das Material (nebenbei bemerkt, aus 6 km Entfernung) im Anhänger her. Ob ich das wieder machen würde? Freilich, es hat mir sogar Spaß gemacht!

Und noch etwas absolut 'Ungrünes': Alte, klapprige Autos gefallen mir! Ohne jeden Gedanken an ihre Funktion. Ich empfinde für sie ähnlich wie für vielgeplagte, brave Lastesel. Was mir an ihnen so gefällt, ist ihre Unvollkommenheit, ihre Rostflecken, ihr Klappern bei der Fahrt. Sie sind auch so ein wunderbarer Kontrast zum Blitzeblank-Renommier-Mercedes des reichen Nachbarn (nicht dessen, der mich manchmal fährt, sondern eines anderen!), ich empfinde diebische Freude bei dem Gedanken, wie die schlampige alte 'Ente' unserer Untermieter seine Augen beleidigen muß.

Was nicht heißt, daß ich gern eine solche Ente fahren würde. Da ist mir mein Anhänger-Rad lieber: **noch unrepräsentativer, noch simpler, noch provokativ-unperfekter!**

Ich singe beim Fahren mit dieser 'Galeere' (wie ich sie wegen des schweren Tretens manchmal nenne) oft laut vor mich hin, **gerade** wenn hinten drin zwei Zentner Zement liegen und es nur im Joggertempo vorangeht. Alle sollen sehen und hören: "Das macht Spaß! Ich quäle mich nicht!"

Wenn ich gewußt hätte, daß dieses Frühbeet in den Anhänger paßt, und mit ihm zum 'Industriepark' gefahren wäre, hätte sich ein äußerst fotogenes Bild ergeben: ein riesiger Parkplatz voller Autos und mitten drin in einer Parklücke mein Gefährt, als wäre es ihresgleichen. Schade, daß ich diese Gelegenheit versäumt habe, der Autowelt eine Nase zu drehen. -

So! Ich hoffe, das ist die richtige Antwort auf diese Frage gewesen. Oder? Jedenfalls mache ich jetzt Schluß und grüße Dich herzlich als die inkonsequente **Veronika 'Freedom' Rampold**

(Ich habe mir diesen Beinamen zugelegt, weil mein hauptsächlicher Lebenszweck war -und noch ist- mich von überflüssigen und schädlichen Normen zu befreien und selbst nicht zur Fessel für andere Menschen zu werden. Wer mich näher kennt, mag das zwar als doofe Angeberei empfinden, weil ich als recht "brav" und unrevolutionär gelte; aber ich empfinde es anders. Ich habe sehr viel Unsinn beigebracht bekommen, und wenn ich mehr Pech gehabt hätte, säße ich jetzt vielleicht in einem Kloster oder einem Irrenknast. So aber habe ich es geschafft, mich von der kirchlichen Moral, wie von mancher anderen alten Lüge, loszueisen; es bleiben mir noch viele Marionettenfäden abzuschneiden, das tue ich aber gern.)

Maria Hug, 80 Jahre (Freiburg-Kappel)
's Sträßli

Ich wohn direkt an der Straße, wo viele, viele Auto fahre, unendlich viele. Nachts, so von zehn weg, ischt's ruhiger. Aber an Samschtagen und Sonntagen, do geht's bis nachts um zwei. Von Oberried, Notschrei, vom Schauinsland, von überall kommen sie halt durch das Sträßli. Das Sträßli ischt halt günschtig.

Schlafe tue ich hinteraus gegen der Bahn, wissen Sie, und auf der Bahn fahre ja nachts keine Züg mehr, viertel zehne fahrt der letschte. Ich mach vorn gegen die Straß die Fenschter auf, morgens um halb viere schon im Sommer oder um viere, und dann laß ich sie auf bis fünfe, halb sechse. Um halb sechse fange sie schon an. Da kommen aber noch nit viel; die wo halt Frühdienscht hen, das sind wenig. Aber da mache ich die Fenschter wieder zu.

Frage[1]: Sie stehen nachts auf, heißt das? Deshalb?
Hug: Haijo. Natürlich stehe ich deswege auf. Tagsüber kann ich ja nicht aufmache. Der Benzingestank hat ma direkt. Wenn d' Haustür emal e Augeblick aufsteht, da ischt im Hausgang alles voll Benzingestank. Jaja! Es stinkt (lacht), von der Straße, von de Auto, man könnte unmöglich am Tage ein Fenschter aufmache. Unmöglich!
Frage: Können Sie sich erinnern, ab wann es nicht mehr möglich war?
Hug: Also '60. Ich kann mich entsinnen, wo der Helmut, mein Sohn, g'heiratet het und mir kei Landwirtschaft mehr g'hat hen,- also '60 ischt's erscht richtig losgange mit den Auto, da hen sie überhandg'nomme. Ja, ja!!
Frage: Wie ist das, wenn Sie über die Straße müssen?
Hug: (explodierend) Des isch g'fährlich! Oje! Och je!! Über die Straße ... Wenn ich zu meiner Nachbarin geh ... ah, da steh ich (atmet tief und schwer) bis vier Minuten manchmal, je nachdem. Hauptsächlich abends, wenn de Berufsverkehr isch, wenn die heimgehen. Ho! Da komme Se nit übe de Stroß, drei Minute wenigschtens müsse Sie hinstehe.
Frage: Aber die Männer haben doch gelernt, zu Frauen höflich zu sein?
Hug: (lacht schallend) Hahaha...
Frage: Nicht? Aber die müßten doch eigentlich, wenn sie so'ne schöne alte Dame sehen, sofort anhalten und sagen: bitte!
Hug: Also doch. Einmal bin ich gange, es war scho Schnee, und da bin ich auch uf de Seite g'stande, und da isch ein Auto am anderen kumme, hoch und runter, und da hat einer g'halte, het mich g'sehe, het g'wunke und het mich rüberg'lasse.

---

[1] Frager ist der Herausgeber

Frage: Einer von vielen?
Hug: Von weiß Gott wie vielen! Also das weiß ich nit, ob des jemand war, wo mich vielleicht kennt het?
Frage: Sind in Ihrer Nähe Kinder überfahren worden? Oder Tiere?
Hug: Unsere Igel, wo im Garte ware, sind alle überfahre worde, und meistens morgens in de Früh, aber das wa früher schon so, wo weniger Auto g'fahre sind.
Frage: Also, wenn Sie schon drauf sind auf der Straße und langsamer gehen, haben Sie das Gefühl, daß 'die' das beachten?
Hug: Nein. Solange ich ein Auto seh, von unte oder obe, geh ich nit auf die Straße, dann bleib ich am Rand stehen und warte, bis frei isch, ich begeb mich nit in die G'fahr und lauf e Stück nüber oder zwei Schritte und denk, der wird schon halte. Neinei! Das getrau ich mir nicht!
Frage: Bei Zebrastreifen, da muß man sozusagen draufgehen. Sie können nicht einfach mal sagen, ich will jetzt hier rüber und dann hält auch jemand?
Hug: Da hab ich Angscht. Ich will mich nicht anfahren lassen.
Frage: Haben Sie in solchen Momenten eine Wut?
Hug: Also, wenn ich emal zwei Minuten am Rand steh, da kocht's mer scho auf, das stimmt; aber trotzdem begeb ich mich nicht in Gefahr.
Frage: Wenn Sie eine Wut haben, was denken Sie dann? Können Sie ein Wort prägen?
Hug: (lacht)
Frage: Irgendeins.
Hug: Was soll ich jetzt drauf sage? An des hab ich jetzt noch gar nit denkt. Wenn so junge drin sind und so vorbeisausen (lacht erleichtert), na da sag ich als auch mal 'ihr Lausbube'. Des 'Lausbube', des hab ich ene schon viel mal nachg'rufe.
Frage: Son nettes Wort?
Hug: Da hab ich scho e Zorn, wen i Lausbub sag, das isch scho bös g'meint. Wir wohne ebe besonders schlimm wege der Straß! Aber hinte, da isch's wunderschön! Da isch 's ruhig, und da hab ich mei Garte und vor alle Dinge viel Sonne, und die große Wiese da hinte, also da freu ich mich jedes Frühjahr, wenn der Löwezahn blüht, das Grün und das Gelb isch einfach herrlich, und früher, wo wir Landwirtschaft g'ha hen, sind wir morgens auf d' Wies da obe, da het alles 'glitzert vor Tau. Und dann die Fasane und die Rebhühner und die Wildschweine, die hen mir auch als g'sehe, und die Reh auf der Wiese da drüben.
Frage: Warum gibt's das nicht mehr?
Hug: Ich weiß nicht, - aber die Auto, es ischt halt in Gotts Name so, daß die do sin und die müsse mir ertrage, es gibt nix anders. Mir kenne sie nit wegbringe.
Frage: Sie haben eben gesagt, Sie haben Ihren Garten hinten, und Sie haben sozusagen - ich weiß nicht, ob das zuviel gesagt ist- aber soviel Kraft, daß Sie die Autos ganz gut ertragen können. Also

es gibt ja Leute, die haben nicht ihr Erholungsgebiet 'Schwarzwald hinterm Haus ...'
Hug: Ganz gut wolle mer nit sage. Ich muß sie ertrage könne! Ob ich sie gut oder schlecht ertrag, ich muß, ich muß die Auto ertrage könne!

II

Frage: Sie haben 'n Schild vor Ihrem Haus stehen. Was ist das für ein Schild, und wer hat's aufgestellt?
Hug: Jo, mei Sohn und der Anton, wo weiter unte wohnt und wo alle Schilde, die bei uns rumstehe, g'malt het. 'Bundesstraße 31 Neu gleich Autobahn' schreibt der nur drauf und unte ischt dann der Platz frei, da wolle die, wo die Schilde aufstelle, selber noch was drauf schreibe. Also bei uns in unserem Garte steht ja 'Kein zweites Ebnet'. Unsere Straß soll e Zufahrt werde für die Bundesstraß. Was denke Sie, was das gibt. Haha! Das gibt mehr Stau. Da stehe sie doch! Und das ischt doch noch schlimmer, als wenn sie zufahre! Wenn die neue Straße gebaut wird, dann sind wir nicht entlaschtet in de Kirchzartner Straß, nur Ebnet wird entlaschtet. Darum wolle mir kein zweites Ebnet. Gegen die Bundesstraß 31 tun sich halt alle wehre, jeder sagt, sie hätte solle Umgehungsstraß mache um Ebnet und um Zarte, und da wär gut g'wes. Aber die wolle halt e große Straße und durch die Stadt soll die Straß führe, zum Teil offen, zum Teil in den Boden. Neinei, das wolle halt viele nit gelte lasse, Wie 's wird, das weiß ich nicht.

III

Frage: Lydia holt Sie zwei Mal in der Woche zu sich. Wenn nun Lydia kein Auto mehr haben möchte, was würden Sie dann machen?[1]
Hug: Ja dann könnt ich nit mehr herkomme.
Frage: Könnten Sie nicht mit dem Bus fahren?
Hug: Ich kann nicht mit dem Bus fahren.
Frage: Warum?
Hug: Weil ich in beide Knie künschtliche Gelenke hab. Und da hab ich Angscht. Ich darf die Knie nit anschlage, sonst gehe sie mir kaputt.
Frage: Aber ist das nicht dasselbe, wie in den Bus steigen, der viel größer ist?
Hug: Neinei, in den Bus zu steigen, getrau ich mir absolut nicht.

---

[1] Lydia Kalchthaler (siehe 'I fahr ja nit groß spaziere') bewohnt, ebenso wie Maria Hug, ein altes Schwarzwald-Bauernhaus; aber am anderen, ruhigeren Ende von Kappel vor Freiburg.

Da steig ich nei, und da fahre sie scho gleich zu. Und wenn ich dann hinfalle, was ischt dann?
Frage: Furchtbar! Und wenn der langsamer anfährt, wenn der sie kennt?
Hug: Der kennt mich nit.
Frage: Und wenn Sie dem Bescheid sagen?
Hug: Na, ich weiß nit. Nei, ich tät mir nie getraue ... Sie hen ne Ahnung, was des für Busfahrer manchmal sind!
Frage: Sonst haben Sie Lausbub gesagt zu solchen Leuten. Was denken Sie denn jetzt von solchen, die so rüde sind? Oder sagen Sie, ich bin selbst schuld, daß ich künstliche Knie habe?
Hug: (fährt hoch) Haha! Henei! Da bin ich doch nit ... Was heißt selbst schuld?
Frage: Ja, so behandeln Sie die Leute doch, wenn sie einfach auf Sie keine Rücksicht nehmen. Dann sagen die: Die kann doch schneller gehen. Ist mir doch egal. Ich fahr pfffffffffffft! Verstehen Sie? Also entweder Sie sagen, ja, ich bin selbst 'schuld', ich darf nicht Bus fahren, oder ...
Hug: Ich sag dann höchstens: '... is des en Grobian', höchstens.
Frage: Haben Sie keinen Anspruch, Bus zu fahren? Ihr Recht, Bus zu fahren, ist Ihnen beschnitten?
Hug: Jaja.
Frage: Wäre das Taxi das richtige Mittel?
Hug: (lachend) Haha! Das Stückle von da bis daher? Hanei, das wär mir zu umständlich und zu teuer.
Frage: Man könnte ja ne Möglichkeit schaffen, daß Sie dasselbe Geld bezahlen, was Sie für den Bus bezahlen müßten. Das ist schon im Gespräch. Beim 'Frauen-Taxi'. Würden Sie das machen?
Hug: Was soll ich da sage? (seufzt) Nit gern. Da tät ich lieber zu meinem Sohn sage, fahr mich hin!
Frage: Und wenn der nicht darf? Man kann sich doch vorstellen, daß nicht mehr so viel autogefahren werden darf. Wenn es verboten wird?
Hug: Daß am Sonntag Fahrverbot ischt, ja! Aber sonscht? Das brauche mer gar nit b'spreche. Des kommt noch lange, lange nit. Da leb ich nimmer, bis des so weit isch.
Frage: Fragen Sie Ihren Sohn gern?
Hug: Gern? Also angenehm ischt 's mir nit! Aber ich frag ihn, wenn's muß sei.
Frage: Und ich find's toll, daß Sie sagen: ich frag ihn trotzdem.
Hug: Wenn ich doch nur noch radfahre könnt, ich tät's! Mich ärgert's halt: überall hat's jetzt Fahrradwege, und wo ich noch g'fahre bin, da war's halt nit so! Aber wenn's Taxi wirklich für 2 Mark von Littenweiler nach hierher koschtet, – dann fahr ich mit dem Taxi! Wenn ich das erlebe ...

Anselm Hirt (Freiburg)
Apokalypse Stau - Paris 1980

Ein regennasser, ein etwas zu warmer Spätherbstabend. Ich bin in der Stunde vor Mitternacht auf dem Nachhauseweg von einem Randy-Newman-Konzert und fahre mit dem Auto in Richtung Montmartre, meinem heimatlichen Hügel. Ich fahre nicht, ich beabsichtige zu fahren. Autofahren heißt hier Krieg führen; ich führe Krieg: wer am schnellsten schießt, eine Lücke entdeckt, eine Kreuzung besetzt, hat gewonnen. Lebensraum, Prestigeraum, Todesraum. An diesem Abend, ich erreiche endlich die Place de l'Etoile, geht, wie so oft, nichts mehr. Bis Mitternacht ist Autostehen auf dem Programm.

Die Blechlawine schiebt sich hupend und stinkend die Champs-Elysées hinauf und hinunter, Zentimeter für Zentimeter ein kleiner Sieg, eine kleine Niederlage. Dicht vor mir, eingekreist wie alle, schiebt sich unter ohnmächtigem Gejaul der Sirenen ein Krankenwagen über den Asphalt. Knapp eine Stunde vergeht, bis wir an die Kreuzung der Avenue George V. herankriechen. Dort liegt ein Mensch mit zertrümmertem Schädel, blutig kauernd neben seiner Maschine. Ein Warten auf Leben und Tod. Zwei Polizisten verteidigen das rotgewordene Terrain gegen die feuchten Schnauzen der Limousinen. Sie müssen vorbei, soll Rettung kommen. Ein Sterbensort, ein Mensch groß, zwischen Schuhen und Reifen, neugierigen Blicken und gelangweilten Mienen. Hunderte flanieren vorbei. Ein Blick, ein Augenblick, nichts kann das Gleichmaß der Bewegung ändern. Die Luft als Lärm, als Gas, als Regenfaden. Menschen versuchen, ein Kinobillett zu ergattern, dem mörderischen, tosenden Chaos zu entrinnen. Sie sind voll Eile, den Zumutungen der Straße zu entgehen; sie reihen sich in die Menschenschlangen vor den Kinos der Großstadt ein. Sie fliehen und suchen die Untergangsrituale ihrer Zivilisation. Apocalypse now - der Film als Kompensation und Realisation des Alltags. Sie warten Stunden auf ihr plaisir du weekend und schaffen sich dabei die Bedingungen, denen zu entkommen so zum abendlichen Lebensinhalt wird.

Ich habe Zeit. Ich betrachte die Gesichter der ungeduldig Wartenden. Vor mir noch immer der Rettungswagen, weiter vorne der Verletzte, der Sterbende vielleicht. Alle sind eingekeilt, jeder jedem im Wege. In der Ferne Feuerwehr. Nichts bewegt sich über eine knappe Stunde. Rien ne va plus. Der Stau ist vollkommen. Es ist jeden Abend so, außer Sonntags. Nur die Schlange der Kinogänger kommt langsam voran, ohne freilich kürzer zu werden. Ich mache mir Gedanken über die Leute, die in so einer Stadt, in so einer Welt einen solchen Film sich anzuschauen bemühen: Apocalypse Now!

Gegen Mitternacht habe ich die Place de la Concorde erreicht. Aus der Eintracht ist die Gleichschaltung geworden. Überall dasselbe Bild: Autos, Kinos, Schlangen. Die Flucht als Massenwahn, paradoxe Gesellschaft der Gemeinschaftslosen. Und der Vorschein der Freiheit. Ein weiterer Film ist im Angebot: Le Grand Embouteillage von Luigi

Comencini, zu deutsch Der Stau. Erst gegen Morgen komme ich auf dem Hügel der Märtyrer, dem Montmartre, an. Mir ist klargeworden, daß ich auf die Spielarten des Großstadtkinos verzichten werde wie auch auf das Medium urbaner Verkehrsformen, das Auto. Ich werde mir neue und altbewährte Verkehrsformen suchen, ich werde mein Fahrrad aus dem Keller holen, und ich werde alles aufschreiben. So hoffe ich, mir zwei Eigenschaften zu erhalten, die unabdingbar zum Menschenrecht gehören und gegenwärtig bedroht sind wie: Bewegungsfähigkeit und Erinnerungsfähigkeit.

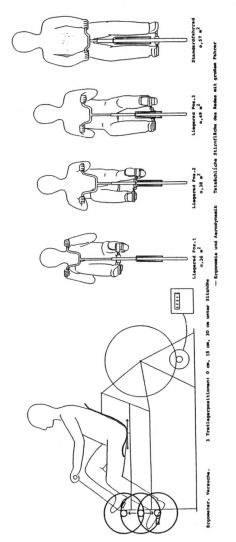

Ergometertest
von Christian Kuhtz, Dammstr. 44 HH, 23 Kiel aus seiner Liegerad-Diplom-Arbeit, bei ihm gibt es auch Selbstbauanleitungen. Ergebnis des Ergometer-Tests: Pos. 2 ist optimal, Ergometer-Versuche 3 Tretlagerpositionen: 0 cm, 15 cm, 30 cm unter Sitzhöhe, Liegerad Pos. 1: 0,36 m², Liegerad Pos. 2: 0,38 m², Liegerad Pos. 3: 0,49 m².

Henner Nordmann (Freiburg)
Der Chronische Zusammenstoß

I

Mein Vater hatte von einem Stipendien-Aufenthalt 1929 in Amerika ein frühes Schreckbild von Verkehr bewahrt: "jeder dritte hatte ein Auto, damals schon!". Er aber kaufte Autos; das erste 1951 und alle 4 Jahre "wegen der Steuer" das neue. Es gab auch einen Grund: wöchentlich bis zu zwei Sektions-Fahrten[1] im Raum Niedersachsen; vorher hatte ein Beerdigungsunternehmen mit Auto und Chauffeur an den Fahrten mitverdient. Ich mochte die Autos, die er kaufte, und jedes neue mehr. Und die Fahrten auch. Aber das Fahren? Die schlimme Pein, in der geräumigen Enge, wenn mir vor Müdigkeit die Beine zu zappeln begannen, wie im Konzert, stundenlang? Ich sammelte Anstecknadeln der Auto- und Motorradfirmen in Silber und Emaille und steckte sie auf Samtkissen. Übte Fahren schon mit 12; in einem Krankenhausgelände!! Hatte Stunden, - bevor ich 18 war. Ich genoß reichlich Erziehung zum Autofahrer.

II

Bei Bedarf kaufte mein Vater - seit den 60er Jahren - auch für seine Kinder Autos, meins stand vor der Tür, als ich 1963 wieder zu meinen Eltern zog, diesmal aufs Land, nah Hannover. Er hatte seins früher generös verliehen; so aber - begründete er - sei es besser. Mit ihrem "aber es fahren doch Busse in die Stadt" isolierte sich meine Mutter nur. Schließlich schufen wir hier gerade amerikanische Verhältnisse.

Ich hatte kurz zuvor, 1961, in München, wo der Krieg zwischen Schwabing und dem Marienplatz nicht genügend Platz für Autos geschaffen hatte, mein Radeln eingestellt. Motiv: es stank zwischen den Autos. Ich ging lieber zu Fuß am Rand oder nahm die Tram und war froh, als ich wieder aus München verschwinden konnte.

Mein Rennrad vererbte ich an die jüngere Familie, als sei es ein Jugendsportgerät. Ich hatte das Auto. Übrigens kein Gedanke, beides zu haben! Verderben schlechte Beispiele gute Sitten? Ich erinnere mich nicht an ein Rad meines Vaters; oder meiner Geschwister, nachdem sie an ein Auto herangekommen waren. Meine Mutter ging zu Fuß, wenn sie nicht -oft von mir- 'gebracht' wurde. Ich setzte die Klarsicht in die umschlagende Lebenssituation in die falsche Richtung um: Flucht vor dem Qualm und dem Lärm in das Auto, aus

---

[1] Untersuchungen an Gestorbenen, um ihre Todesursache festzustellen; er hatte als Pathologe einen großflächigen Arbeitsbezirk.

dem sie kamen. Ich bezog meine Einsicht einfach nicht auf mich.

Und die Rache holte mich ein: zeitrafferartig lag das idyllische Haus bei Hannover eines Tages an einer Autoland-Straße. Tags verzog ich mich hinters Gebäude mit den Büchern, nachts schwitzte ich hinter geschlossenen Fenstern. Nur auf den Straßen fühlte ich mich –im Auto unter Autos– wohler als früher. Auf unserer Straße wie auf den Straßen von anderen Anwohnern. Nicht immer: einmal stieg nachts unsere Straße steil vor mir auf, im Flachland; – ich war betrunken. Einmal fuhr ich in einer Kolonne anderer Autos in einem Schneetreiben. Ich bemerkte, daß ich nicht würde bremsen dürfen, auch wenn ich es müßte! Und einmal schlitterte ich völlig hilflos eine zu einem See abfallende Strecke wie auf Eiskufen hinab, ein nächtlicher regnerischer Frosteinbruch: schnurgerade blieb die Straße bis zum See und unten erst, als es wieder naß war, kam mir ein Lastwagen entgegen. So war es immer, als wäre nichts geschehen.

III

Als das Auto nach 10 Jahren, ich lebte inzwischen in Berlin, von einer Streife als Schrott auf öffentlichen Straßen mit Parkverbot belegt wurde, konnte ich es nicht ersetzen. Ich hatte mein Auto in der Stadt ohnehin schon als Isolationszelle empfunden, es drückte mich runter, allein dazuhocken; so sehr, daß ich U-Bahn zu fahren begonnen hatte, weil es kommunikativer war. Ganz undenkbar, per Auto in die Hauptstadt der DDR einzureisen, trotz schwerer Bücherlasten aus den Antiquariaten. Ich wollte in den Stadt- und Straßenbahnen und auf den Bürgersteigen meine Nachbarn in Ostberlin betrachten und ansprechen. Als ich nach Jahren einmal etwas mehr Geld hatte, gab es kein Auto mehr zu ersetzen. Ich lieh mir ein Rad. Dann kaufte ich mir eines. Und noch eines.

Lieh ich mir nach 1971 mal ein Auto von der Familie oder Freunden, fuhr ich's meist wie ein Sofa auf Rädern; langsam, auch auf Autobahnen am liebsten nur mit 60, und so tief hineingefleetzt, daß ich grad über den Kühler, aber von hinten keine Lichthupe sehen konnte. Das erste Mal bin ich so gefahren, als meine Mutter gestorben war; ich mochte die 14 km vom Stadtkrankenhaus auf das Dorf zurück nicht anders als im Kinderspielstraßen-Tempo nehmen. Zufuß zurückzuwandern in einem solchen Moment? Darauf kam ich damals nicht. Mit dem langsamen Fahren begann ich mich dem Unbehagen anzupassen, das ich lange vor dem endgültigen Aufhören, bei der eigenen Geschwindigkeit und der Geschwindigkeit der anderen spürte, die meine vervielfachte. Es war Furcht vor dem 'menschlichen Versagen' der anderen Autofahrer und dem eigenen, kurz: alles andere als Lust. Anders, wenn ich radle, früher als Kind in der Erinnerung und heute wieder, da spüre ich etwas, in einem Vergleich ausgedrückt: wie Reiten auf dem Lande. Und weil ich zuletzt, wenn ich mir ein Pferd auslieh, manchmal weniger ritt als neben dem Tier herspazierte, um es nicht dauernd zu 'beherrschen', empfinde ich

Radeln sogar als unbeschwerter: der 'Drahtesel' kann nicht ohne mich, das Roß sehr wohl und besser dazu.

IV

Ich spüre beim Radeln die Vorwärtsbewegung: mit den Ohren an den knisternden Rollgeräuschen der Wege; mit der Haut am leichten Fahrtwind; mit den Augen an der sich rhythmisch auffaltenden Landschaft. Ich kann die 'Geschwindigkeit' meiner Bewegung ganz aufnehmen.
Seit 1981 machte ich -in Gruppen, alleine, zu zweit- Radtouren; in der Bretagne, auf Kreta, im Peloponnes. 1985 wollte ich die Provence, die Camargue und zuletzt die französische Seite der Pyrenäen bereisen. Einige Wochen vor der Tour, noch in Berlin, hatte ich zum ersten Mal mit der Begründung "ich fahre nicht mehr in einem Privatauto, auch nicht als Beifahrer" die Freundlichkeit eines Unmenschen ausgeschlagen, mich irgendwo in der Nähe meiner Wohnung abzusetzen. Das Gesicht, in dem mein Satz steckenblieb, bis er überhaupt begriff, was ich gesagt hatte, rauschte alleine davon.
Von dem Moment an war mein Verhältnis zu allen Bewegungen um mich herum gebrochen. Mit dem neuen Blick fuhr ich nach Frankreich.

Ferien in Frankreich auf dem Rad, 1985

Ich wollte die Provence, die Camargue und zuletzt die französische Seite der Pyrenäen, die Baudenkmäler aus ihrer Landschaft her aufnehmen und die einzelnen Naturlandschaften sich auseinander entwickeln sehen. Vom Rad aus. Die Bahn sollte mal überbrücken.
Der Ur-Schock wurde Nîmes.
Nur dies: Den Zeltplatz erreichten wir nicht, wir schafften grad 2 von den 6 Kilometern, die er außerhalb der Stadt liegt, beschallt, bedrängt, begast vom dichtesten Autoverkehr. Ein Glas auf den Zorn! An der Kreuzung, wo wir aufgaben, war Weinverkauf inmitten von Feldern. Aber die Autos fuhren ja mitten durch die Rebstöcke, in 6er-Reihen. Ich stellte die Flasche zurück. Noch heute kommt mir beim Weinkauf: führt eine 4er- oder 6er-Spur durch, da, wo der Wein herkommt?
Und dies: Die Nachtbeleuchtung ist schon aufgeflammt, und immer noch können wir den Tempel des Zeus in Nîmes nicht von seiner wichtigsten Seite, der Front aus, sehen, denn direkt hinter uns strömt ein Autoband mit hoher Geschwindigkeit, als wäre immer noch Stoßzeit. Ich hab ihn erblickt, gesehen hab ich ihn nicht.
Nach Nîmes nur Bestätigung. In der Camargue auf höchster Stufe. Ich hatte gehört, nur Räder, Pferde, kleine Gruppen dürften hinein. Ein Irrtum. Autos dürfen fast überall hin und tun es mit Hochgeschwindigkeit.
Der erste Reiher steht da. Und wir. Ein Auto rast an, stoppt

scharf, Scheibe runter: Flucht eines Reihers als Dia. Gas und weiter. Wir stehn nur so da.

In Herault gaben wir auf, keine Straße, auch keine kleine ohne Verkehr in Hochgeschwindigkeit. Wir ändern das Konzept: Bahn und die Räder ins Gepäck für die Beweglichkeit an Orten, wo wir aussteigen, Montpellier, Carcassonne ...

Aber die Autos werden wir auch nur während der Bahnfahrten los. Entnervt ändern wir noch einmal das Programm: pyrenäischer Atlantik. Biarritz-Bidart. Weg die großen Pläne. Kleingemacht, in den Sand gesetzt. Sonnen.

Auf den ruhigsten aller Parkplätze mit Zeltmöglichkeit: "Camping Pavillon Royal": Autos nur von 8-22 h, 10 h/km. Trotzdem holen sie mit dem Motorrad Croissants, überholen sie uns auf dem Rad per Auto, gefährden Kinder. Wir wehren uns, ernten Haß oder Unverständnis, 2, 3 Mal gewisse Anerkennung: von Autofahrern?? Trotzdem beruhigen wir unsere Nerven im Meer voller Plastiktüten, auf dem Strand voller Abfall von Schiffen und Flüssen. Und Teer bei jedem Schritt.

Sich umsehen! "Ist mal kein Badewetter, sind die Pyrenäen augenblicklich von Wagen verstopft", gibt sich der patron de camping aufgeklärt uns gegenüber und steigt in sein Auto. Es gibt eine piste cyclable[1] in die Almen, aber sie ist auch für Autos zugelassen, ohne Geschwindigkeitsbeschränkung! Ist es heiß, fließt ein starker Verkehr zwischen den Küstenorten bis zur spanischen Grenze ab und zurück.

Uns bleibt: Bei Hitze in die Berge hochzuradeln, bei Kühle an die See. Wir können frei wählen.

Mein neuer Blick spaltete mich: unglücklich hie, mich so total umkreist, so sehr isoliert zu fühlen, glücklich da, mir jetzt einen ganz neuen Lebenskreis zu erschließen. Nur die Militanz hielt mich zusammen, in der ich mich gegen Autofahrende abreagierte; aber eben nur reagierend. Balance trat ein, wenn Ruhe war, ganz reale Ruhe vor Motoren, dann sofort. Aber ich weiß, wie lange! Und wie selten! Wie kann ich mit solcher Sichtweise leben? Aufgeben mag ich sie nicht! Ich verfiel auf eine Idee: Selbsthilfe durch ein Buch; herzustellen mit anderen mit dem andern Blick. Und noch während diese Ferien in Gas, Lärm, Blech und Gefahr untergingen, hatte ich begonnen, den Fahrern Fragen zu stellen, ich provozierte sie, hielt ihnen mein Rad unter die Nase, stellte es absichtlich quer, behinderte sie beim Überholen. Jeder und jegliche, die ich fragte, sagte sofort 'ich hab's aus Berufsgründen', und erst auf die Nachfrage 'und in den Ferien?' kam das 'jajajaja ... auch'.

Sie fuhren Auto. Aber nicht, weil es so weit zum Arbeitsplatz ist und ihnen Zeit vom Leben abgeht. Sie fuhren auch einkaufen, zum Hort, zum Sport, zum Spazierengehen oder mit dem Auto spazieren,

---

[1] ausgewiesene Fahrradstrasse

sie fuhren damit sogar in die Ferien und in den Ferien herum, auch in den Ferien anderer Leute.

Ich begann alles zu protokollieren: die Straßenkämpfe, die Rededuelle, die ich mir mit den Autofahrern lieferte, noch in Frankreich; und, wieder zurück, in Berlin, dann Ende '85 Berlin – Pest verlassend samt seinen 700.000 Autos, für jede aber auch jeden zweiten eins; und hier in Freiburg, wo ich jetzt wohne, am Weinberg und ganz nah, getrennt nur durch den schreckenden Umfahrungs-'Ring', einer auto-befreiten Altstadt.

Aus den Protokollen entstanden Porträts von einzelnen Autofahrern; zusammengesetzt geben sie ein Bild meiner Haltung zu ihnen und ihrer Haltung zu mir, mit dem Titel: der chronische Zusammenstoß. Ich, Radler und Füßler, rede wie ich fahre: **anklagend**. Aber auch sie, die Autofahrenden, reden wie sie fahren. Sie sehen keinen Anlaß, sich vor mir für Widersprüche zwischen ihrem Denken und Handeln zu schämen. Ich kam nicht an sie heran. Sie schoben mich vor sich her, so wie sie mich als Radler mit ihrer Stoßstange annehmen würden. Vor sich selbst und vor anderen Fahrern braucht es wohl nur ein Minimum an Vorwand, wenn überhaupt, um begründet autozufahren. Sie fahren gern. Sie sind davon abhängig. Das ist das ganze Geheimnis. Ich lüfte es und mache es ihnen mies. Vor mir als Kritiker blähen sie ihre Vorwände auf zu einem Riesenballon von Selbstgerechtigkeit: die Autofahrenden als Helden, ja Opfer anders schier unabwendbarer Zwänge! So leben sie gut in sicherer Harmonie mit sich selbst; und –scheint's– je mehr Dreck und Stau sie türmen, desto mehr sehen sie sich auch noch bestätigt, daß es nicht anders- als eben so- geht:

Porträts eines Verhältnisses

S. (Berlin)

"Ich habe das Auto nur wegen des Hundes, um mit ihm zum Grunewald zu fahren, und mal wegen Ferien, da auch nur wegen des Hundes. Früher hatte ich auch kein Auto, und ich riet meinem Vater vor Jahren schon vom Auto ab, vor Jahren. Also. Ich habe Dir das jetzt erklärt, wie es ist, daß ich es nur wegen des Hundes habe. jetzt mußt du das auch akzeptieren. Wenn er stirbt, verkaufe ich das Auto!"

Sie ist eben aus Spanien zurück. **Zweitausend** Kilometer. Ohne Auto wäre es da unten gar nicht gegangen. Der Strand war **vier** Kilometer weg.

M. (Berlin)

In einem 'Flautenschieberkurs' lernt man, ein Segelboot mit dem Hilfsmotor zu manövrieren, im Hafen, für Notfälle. Am Ende der

Stunde fragt uns der Lehrer, was wir machen wollen, wir hätten noch ein bißchen Zeit.

"Aus dem Stößensee rausfahren" (wo nur 5 h/km erlaubt sind) "und auf dem Wannsee den Motor mal richtig aufdrehen und sehen, wie schnell das Boot ist!" möchte Moni. Ich protestiere.

"Naja", macht Moni, "wenn einer dagegen ist ..."

Als wir zur zweiten Stunde vom Steg ablegen, findet Moni: "Mensch, das stinkt! Der stinkt vielleicht, der Motor! Wollen wir nicht lieber paddeln? Das wäre auch besser für die Umwelt!" "Abends ist mir oft ganz schlecht und immer habe ich Kopfschmerzen nach so einem Unterrichtstag", gesteht Lehrer Ulli und fummelt am Motor rum: "OK. Was machen wir heute?"

"Zur Pfaueninsel fahren!" will Moni.

"Hör mal", sage ich, "eben hast du noch vom Paddeln geredet und jetzt willst du zur Pfaueninsel. Das ist ein Segelziel! Für den ganzen Tag!"

Die Stunde muß abgebrochen werden, weil der Motor mehr qualmt und Treibstoff ins Wasser läßt als üblich. Ich frage den Lehrer, ob es stimmt, daß in Westdeutschland praktisch kein Flautenschieberschein zusätzlich mehr zum Segelschein verlangt wird.

"Ja. Und in Bayern sind Motoren an Segelbooten überhaupt verboten."

"Naja, wozu denn auch", sagt Moni, "man kann ja segeln! Wozu überhaupt die Motoren?"

Ich sage: "Dasselbe frage ich mich bei Euren Autos. Ihr könnt doch radeln. Warum schaffst du deins nicht ab?"

"Das geht nicht", sagt Moni, "da müßte ich eine Stunde früher aufstehen, um meinen Sohn in die Tagesstätte zu bringen!"

"Organisier das um. Es geht. Jeder hat Gründe!" Pause. Blicke. Dann stößt sie nach: "Und das **Surfbrett**?!!?"

E. (Berlin)

"Was ist mit meinem Antrag 'Sportler kommen mit dem Rad oder zu Fuß zum Training'?"

"Du hast ihn zu spät eingereicht. Und, – ich bin auch nicht deiner Meinung. Das Training hat Vorrang bei mir, absolut. Ich kenne zwar auch extreme Fälle, die noch um die Ecke das Auto nehmen bei uns; und ich bin auch Rad gefahren in diesem Sommer, aber ich habe mich doch gefreut, wenn es abends regnete, daß ich das Auto hatte. Naja, und wenn jemand im Wedding wohnt, da braucht er das Auto in die Innenstadt, um zum Training zu kommen. Hauptsache, sie kommen zum Training!!"

"Aber Radfahren und Gehen ist Training. Und je weiter, desto besser!"

Sein Gesicht nimmt einen rein sportlichen Ausdruck an. Trainern widerspricht man nicht.

Der Verfolger (Berlin)

Damit ich von den Blechgebissen, die sich in unsere Straßen eingeschlagen haben, nicht an Waden und Speichen gepackt werde, nehme ich mir immer einen Meter und mehr Sicherheitsabstand von den parkenden Autos.

In der schmalen Einbahnstraße, in der ich wohne, kann das die Mitte werden. Also führe ich meist kleine Autocorsi an, bis ich die erlösende Einmündung in die Wilmersdorfer Straße erreiche. Diesmal habe ich nur einen Verfolger hinter mir. Als ich als Antwort auf seinen aufheulenden Motor meinen Sicherheitsabstand noch mehr nach links vergrößere, versucht er, mich rechts zu überholen.

Ich stelle mein Rad quer vor ihn über die Straße, bereit, es ihm auf sein Blech zu schmeißen, in dem er hockt und überlegt: aussteigen oder überfahren?

Der Lügner (Berlin)

Als er sagt, wir hätten nicht nach hinten geguckt (was ihn übrigens keinen Deut entschuldigt), da fällt mir vor Wut nichts Primitiveres ein, als ihm einen Vogel zu zeigen. Er tut, als sei er im Innersten getroffen. (Besitzt er dergleichen?) Er will nur von seinem offenen Vergehen ablenken. Jetzt ist auch er dafür, die Polizei zu holen. Mir dämmert, daß es irgendwann verboten wurde, Vögel von Auto zu Auto zu zeigen. Aber vom Rad aus?

Seine Frau hat das Baby an Bord aus den Hintergurtfesseln befreit und demonstriert 'Mercedesfamilie von Radfahrern getötet'. Den beiden Polizisten sage ich, wir würden nur an sie das Wort richten, damit wir nicht untereinander stritten. Die Frau, von ihm als Zeugin vorgestupst, beginnt: "Die haben nicht zurückgeguckt beim Abbiegen."

Dann komme ich dran: "Wozu sind die Einfädelstreifen vor Ampeln da, zum Überholen und Schneiden? Und die gelbe Ampel, zum Gasgeben?"

Die Polizisten geben mir sofort Recht. Darauf sagt der Mann: "Wenn er mich anzeigt, dann zeige ich ihn an wegen Vogelzeigen."
"Das ist Erpressung", sagen die Polizisten.

Ich sage zu den beiden Polizisten: "Ich will niemand unbedingt anzeigen. Ich will, daß er jetzt und hier belehrt wird, damit er das in seinem Leben nicht noch einmal macht, so gegen Radfahrer vorzugehen."

Da sagt der Autofahrer schnell: "Gut, wenn es wirklich so war, wie er sagt, dann habe ich mich verkehrswidrig verhalten."

Wir gehen schnell auseinander. Die nicht zusammengehören, nicht mal auf einer Straße.

Auf dem Sprung (allerorts)

In welcher Situation Sie sich tagsüber gerade befinden, Sie sehen immer gleich aus: unpassend gekleidet und wie auf dem Sprung. Sei es beim Verlassen der Wohnung morgens oder sonst einer Stätte, oder wenn Sie gerade aus einem Laden herausfallen, mit Eingekauftem überladen bis oben wie ein Hochstapler (Ihr Charakteristikum), oder wenn Sie sich aus Ihrem Kino- oder Konzertschleudersitz ins Freie katapultiert haben, - Sie können den Weg zu Ihrer Karre, und sei er noch so kurz, nicht akzeptieren, er ist immer zu weit, deshalb wollen Sie springen, ausgerechnet Sie schlaffes Säckchen, die nur mit Motorkraft mobil sind. Herauskommt eine windige Schräglage nach vorn Richtung Karre, eine Schulter verkrampft, die andere zurück, wo Sie mit der Hand hektisch in der Hose herumfummeln nach dem Schlüssel, von dem Ihre ganze Existenz abhängt. Noch hektischer geht alles winters zu, weil Sie ja praktisch nackt herumlaufen ohne Ihren Metallmantel, Blechschirm, Stahlhelm, Lackanzug, Rostschlüpfer, Eisenschuh.

Jetzt sieht man nur noch den Rest von Ihnen, für den der ganze Aufwand gemacht zu werden scheint: abgetrennte Köpfe in den Straßen umhersausend.

"Für Sammelumzug noch Packraum frei" (Berlin)

Viele gute Anrufe kommen. Und dieser: "Wenn Sie nach unten vier Autoreifen mitnehmen, alles Alu-Felgen, total neu, für Mercedes, zahle ich 100 M", kommt es zu flott und ohne Frage nach den Bedingungen aus dem Hörer. Ich antworte so freundlich, wie ich kann:
"Wir sind hier alle sehr gegen Autos eingestellt, als Radfahrer. Nein!"
Erst ein hektisch ungläubiges Lachen, es stottert "das ist ja ...", und dann schlägt er mit dem Beil auf sein Telefon.

Hj. (Kaiserstuhl)

Der schwere Wochenendverkehr stört ihn nicht und unser ständiges Schimpfen auf die Autos läßt ihn cool:
"So konkret habt ihr ja recht, aber ich persönlich sehe das in einem höheren Zusammenhang: es gibt den Widerstreit zwischen individuellem und kollektivem Denken in der Geschichte der Philosophie. Ihr zieht euch ganz auf die individuelle Position zurück und kommt dauernd in Konflikt mit der kollektiven Situation, - das ist euer Problem!"
Er sei Lastwagen- und Motorradfreak, PKWs wären Blechknäste. Wir hatten zwei Jahre lang keine Autobahn mehr von innen gesehen und jetzt auch nur, weil uns die Bahn ausgeredet hatte, mit ihr einen Umzug zu wagen, es würde alles zu Schrott. Alternativ hin-

Sammelumzug her, schworen wir uns und unserem Fahrer Hj.: das nächste Mal Schiene! Das sei auch sein letzter Umzug, den er anbiete, sagte Hj., nicht wegen des Autofahrens, wegen des Schleppens. Wir sahen es grad umgekehrt. Wir konnten uns nicht verstehen.

Um 0.30 h blieb der Transporter samt Anhänger auf der Höhe von Hildesheim mit einem Motorschaden auf dem Nebenstreifen liegen. Er telefonierte erfolglos mit dem Notruf: die Straßenwacht hatte Nachtruhe, dann zerstörte er mit einem falschen Zangenbiß endgültig die Benzinleitung. Alle Sekunden knallte ein Autogeschoß an uns vorbei, daß es den Wagen rüttelte von Stoß und Lärm, alle Sekunden atmeten wir auf, daß es uns diesmal noch nicht getroffen hatte. Nur er blieb cool: Warnblinker halten die Nacht durch, und dann käme der ADAC. Er fühle sich wohl hier, sagte er und richtete sich zum Schlaf ein. Wir, unruhig, ängstlich, verzweifelt, böse, beleidigt und entschlossen, bloß hier raus, irgendwas tun, noch mal telefonieren, wir hatten Glück. Für 250 Mark schleppte uns doch noch ein Dienst 17 km weiter in ein Dorf ohne Infrastruktur und Frühstücksgelegenheit, aber versehen mit einer zentralen Autowerkstatt, für den Rest der Nacht in Sicherheit.

Hj. hatte genug hinter sich, er war von Freiburg nach Berlin gefahren, hatte mit aus- und wieder eingeladen, war zurückgefahren, bis ihn die Panne erlöst hatte. Auf der Weiterfahrt, kurz vor Göttingen, kämpfte er das erste Mal mit der Müdigkeit. Wir rasteten 3 Stunden. Nachmittags kämpfte er das zweite und dies Mal schon heftiger mit dem Schlaf. Bald saß er kerzensteif mit ausgestreckten Armen hinter dem Lenkrad, bald versuchte er sich im Rücken künstliche Bewegung zu verschaffen, die wir auf dem Rad umsonst haben. Einige Male hielt er abrupt, warf sich 5 Minuten ins Gras oder auf eine Parkplatzbank, dann fuhr er weiter. Ablösen? Nein. Wir hatten keine Praxis und wollten auch keine wieder. So war's abgemacht. Er als Profi soll in ruhiger Arbeitszeit den nötigen Fahraufwand leisten. Alles andere sei Pause! Zum Beispiel in Sommerhausen.

Beim bloßen Gedanken an Ausruhen wurde er wieder lebendig und raste durch die engen fränkischen Dörfer, vorbei an Kindern, die mit dem Rücken zu uns gingen und spielten und uns nicht hörten, weil sie abgelenkt waren, weil der Wind gegen uns blies und wir für sie lautlos daherrollten, weil Kinder ... er hat sie alle überfahren ... Nicht wirklich, aber wahrscheinlich.

"Was wollen Sie, es war doch nichts?" (Sommerhausen)

Drei Insassen schauten mich teilnahmslos an. Das Auto ist in der engen Altstadtstraße einfach aus dem Stau vor einem haltenden Reisebus, neben dem ich steh, ausgebrochen. Es hätte mich fast gestreift, meine linke Hüfte ahnte den Prellschmerz, ich war herumgefahren und hatte meine Fäuste auf das Blechdach geknallt. War nichts?

Andrea stellte sich vor die Stoßstange: 'Weiterfahrt durch das historische Sommerhausen erst nach Klärung gestattet!'

Ich schrieb dem Fahrer zweimal durch den engen Fensterspalt flach hinter die Ohren: Nie wieder (rechts)! Nie wieder (links) so nah an einem Menschen vorbeifahren!!

Spielstraße (Sommerhausen)

Wir spielen – warum achten wir Deutschen die Fußgänger so wenig – 'priorité absolue aux piétons'[1] in Sommerhausen. Eine stille Seitenstraße, Wohnhäuser.

Das Auto hält mit unverminderter Geschwindigkeit auf uns zu. Wir weichen erst im 'Manöver des letzten Augenblicks'.[2]

Wüstes Geschrei hin und her. Erst an der Ecke sehen wir das Schild: 'Schritt fahren. Spielstraße'.

B. (Freiburg)

Warum sie mit dem Auto voller grüner Aufkleber für Frieden und Wald samt Blechzelt auf dem Dach, aber nicht mit der Tram in den Dienst fahre?

Ja, da brauche sie ja 1 Stunde ihrer Freizeit nur für Fahren. Es käme nur alle halbe Stunde eine Tram[3]. Dreimal sei sie mit dem Rad in die Schule gefahren, aber da gehe es an der Dreisam einen Weg hoch, der sei viel zu steil für sie, die Treppen hoch mit dem Korb hinten voller Bücher. Vor allem morgens brauche sie das warme, trockene Auto. Eine Frühaufsteherin sei sie nicht, ihr tränten die Augen, sobald sie morgens mit der Luft in Verbindung käme. Undenkbar, Rad zu fahren mit ihren Augen morgens. Und dann regnete es oder wäre kalt, und sie fröre. Mittags ginge es.

Warum es im übrigen keine Solarautos gäbe. Technisch wäre das doch längst möglich. Es hätte hier auch Pläne gegeben, Kabinen anzufordern, die einen überall sofort hinbrächten.

Gegen Autos sei sie gar nicht. Sie müßten nur sauberer werden. Sie sähe im übrigen auch nicht ein, daß sie alleine nicht Auto fahre. Alle müßten es mitmachen. Oder mindestens 50 Prozent. Sonst täte sich doch nichts. Sie wäre für die große politische Lösung.

Aber die Radfahrer müßten sich ändern. Gestern zum Beispiel wieder: sie habe nach rechts in die Garageneinfahrt einbiegen wol-

---

[1] 'absolutes Vorrecht für Fußgänger' (französische Verkehrszeichen)
[2] Der Segler, der im Vorfahrtsrecht ist, weicht erst vor der Kollision aus, solange hält er Kurs
[3] Die Wirklichkeit: 6-Minuten-Weg zur Tram, die alle 7 Minuten geht, 10 Minuten Fahrt, 8-Minuten-Weg zur Arbeit ...

len, habe nocheinmal automatisch zurückgeguckt, müßte sie ja eigentlich noch nicht einmal. Da habe sie gerade noch eine Radfahrerin sie rechts überholen sehen. Durfte die gar nicht. Sie habe eben noch stoppen können. Sonst ... Und das schlimmste sei gewesen, die habe ihr noch einen Vogel gezeigt. Es hätte ihr ja so leid getan, wenn sie sie hätte überfahren müssen! Wäre das nicht schrecklich!?!

R. (Freiburg): "Ich will von Dir hören!"

Von ihm und anderen stammt dieser Satz: "Der Mensch im Auto – auch im teilweise abgasentgifteten – bleibt nicht nur Umweltfeind und Energieverschwender, sondern auch Totschläger Nummer eins." (1984)[1]

Aber auch dieser: "Ich fahre zwar fast alle meine Wege in die und in der Stadt mit dem Rad, – aber ich fahre auch Ferntouren u.a. 2 X jährlich nach Berlin, immerhin 10.000 Auto-Km im Jahr. Auch wenn man mich rasch der Verteufelung des Autos beschuldigte,- nicht das Auto, sondern die Art seiner Benutzung steht (real)politisch zur Diskussion." (Jan. 1986)

Darauf schrieb ich ihm zurück: "Ich will von Dir hören, von keiner theoretischen Diskussion, von keiner Realpolitik (die haben woanders ihren Platz). Mir geht es um Deine innere Realität, eines, der am Autoteppich mitwirkt mit seinen 10.000 km (mit einem Teil seiner Person) und (mit einem anderen Teil) an vorderer Stelle mitwirkt, ihn wieder aufzuribbeln." (Febr. 1986)

Er hat nicht mehr geantwortet.

Nächstenliebe (Freiburg)

I

Wir warten zu zweit mit den Fahrrädern am 'Ring' und kommen und kommen nicht in die Altstadt. Ein Auto hält, aber nicht um uns rüberzulassen. Eine Frau hängt aus dem Seitenfenster: "Hallo, können Sie mir sagen, wo es nach ..."

Wir unterhalten uns weiter, einmal nur gucke ich kurz auf und sage: "Autofahrer!"

Der Chauffeur brüllt auf, sein Motor heult mit, dann weicht er nicht uns, aber dem Solidaritätskonzert der Schlange, die sich hinter ihm gebildet hat.

---

[1] Ein Programm für uns und unsere Kinder. Die Grünen Freiburg. Zur Kommunalwahl 1984

II

"Ach, könnten Sie mir bitte kurz beim Anschieben helfen?" fragt er und steigt, mein 'gern' voraussetzend, hektisch hinters Steuer, weil sich hinter ihm auf dem 'Ring' eine Schlange bildet.
"Nein."

Wildwechsel (Freiburg)

Wir betreten den 'Ring', einen weißen Wagen, 100 m weiter von der Ampel startend, fest im Seitenblick: von 0 auf 100 schneller als der 'Ring' breit ist. Andrea erreicht ruhig, aber (die Frau zur Vollbremsung zwingend) knapp die andere Straßenseite. Hart am offenen Fenster vorbei durchschlägt das Blech der Rakete eine Panzerabwehr-Kastanie, noch vom Herbst sorgsam vergessen in Fußgängers Jacke. Die Pilotesse, straßenkämpferisch, duckt sich tief hinters Steuer und, erprobt in ganz anderen Fahrerfluchten, jagt sie davon, in 0 auf 100.

'Morgenstraich' in Basel[1]

Das Auto, bremsend, schliddert und schlingert links-rechts-links durch den Basler Schneematsch: wir haben auf unserm Recht bestanden und den Zebrastreifen ohne erkennbare Hast Richtung Altstadt überquert, die nächtliche Fastnacht schon im Ohr. Ich bücke mich und knalle ihm noch einen mahnenden Schneeball auf die Heckscheibe. Der Fahrer setzt rückwärts und verfolgt uns so mit durchdrehenden Rädern bis auf den Fußsteig. Andrea bringt ihn mit einem Tritt in den Arsch seines Autos zum Stehen. "Automörder! Umweltvergifter!" Der Fahrer stürzt heraus.

Er will uns 'Schwaben' aus der Schweiz abschieben wegen Berühren seines Autos. Andrea fängt seine herumfuchtelnde Hand ein und haut ihm eine herunter. In der entstehenden Stille hält sie ihm die Faust unter die Nase. Ihr Hollandrad läßt sie sich am liebsten von anderen aus dem Keller holen. Es ist ihr zu groß und zu schwer.

Abschluß

Meine Isolation unter lauter Autlern, mein Zorn, ja Haß verstörten mich. Ich empfand wenig Freude draußen; je höher am Bergwald um Freiburg, desto dröhniger wie im griechischen Theater schallt es von der Auto-Szene auf, ich sah vor Wut auch die Reste der Wälder kaum. Warum gelang es mir nicht, die Autofahrenden würdig zu

---

[1] Schlag 4 Uhr früh beginnt die Basler Fasnacht mit dem Morgenstraich'

ignorieren? Hatte ich nicht selbst viel zu lange Mitverantwortung getragen?

Einmal, das Buch war bald fertig, sprang an einer lärmigen Unfallecke mein Haß davon. Es überraschte mich, nicht ihn wie gewohnt zu fühlen, sondern eine warme-ruhige-tiefe Verachtung des ganzen Autofahrerpacks. Seitdem bin ich es wieder, der radelt und geht, nicht ein auf gnadenlose Leute fixierter anderer meines Namens. Allerdings ist da immer noch die Flucht. Ich setze mich ja meiner Umwelt nur auswahlweise aus, filtere Wahrnehmungen, lebe auf Nebenschauplätzen, Nischen, Pfaden, Gassen, Steigen. Straßen verpönt! Meine Rad-Wanderungen gleichen meinen Fußwanderungen: lieber Berge hochfahren und über steinige Holperwege mit Gepäck schieben als eine Berührung mit den Autofahrern. So ist mir vieles im Schwarzwald nur flüchtig aus Bus und Bahn bekannt. Ganze Städte und ihre direkten Verbindungen hole ich nach, wenn der törichte Spuk erst verschwunden ist. Also nie?

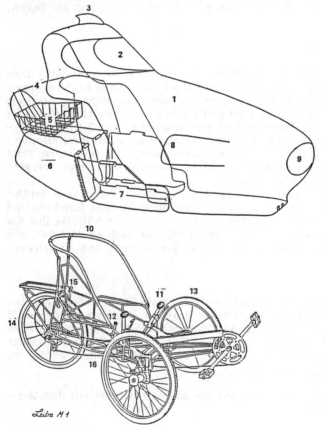

Leitra M 1
Durch übereinanderlegen beider Zeichnungen erhält man eine komplette Übersicht

Ute Becker (Zotzenbach, Odenwald)
Pro und Contra

Es gibt für mich ein Pro und Contra. Ich möchte versuchen, meinen Alltag zu beschreiben und zu erklären, warum ich das Auto benutze, obwohl ich weiß, daß dies die Umwelt sehr belastet.

Wir leben nun schon fast 8 Jahre hier in Zotzenbach. Vorher hatten wir in Karlsruhe gewohnt, wo ich täglich die Straßenbahn benutzte, um zur Arbeit zu fahren. Rolf konnte in 10 Minuten zu Fuß an seine Arbeitsstelle kommen. Am Ort waren gute Einkaufsmöglichkeiten, Ärzte usw. Wir hatten keine Kinder und brauchten daher, weil wir ja nur das Frühstück und Nachtessen zu Hause einnahmen, relativ wenig einzukaufen. In Oftersheim war es ähnlich, jedoch gab es keine Straßenbahn, sondern einen Omnibus, der nach Heidelberg, Schwetzingen und Mannheim fuhr. Die Ortschaft war sehr groß, und wieder war alles vorhanden, auch ein Kinderarzt in unserer Nähe, den brauchte ich, da ich jetzt ein Kind hatte und öfter mit ihm zur Vorsorgeuntersuchung mußte.

Da ich ein Stadtkind war, suchte ich mindestens einmal wöchentlich die Kleinstadt Schwetzingen auf. Bei schönem Wetter fuhr ich auf dem Fahrrad mit Jens dorthin. Einmal, ich wollte mit dem Kinderwagen im Omnibus nach Heidelberg fahren, machte ich meine erste schlechte Erfahrung mit dem Busfahrer und den anderen Fahrgästen. Nur brummig, mit unfreundlichem Gesicht und erst auf freundliches Bitten hin bemühte sich der Fahrer, den schweren Wagen mit mir in den Bus zu heben. Sicherlich machen viele Mütter diese üble Erfahrung. Ich mußte spüren, wie ungern unsereine mit so einem Monstrum von Kinderwagen befördert wird. Als mein zweites Kind auf die Welt kam, kauften wir uns einen kleinen Zweitwagen. Ich benutzte dieses Auto in der Hauptsache, um die Großeltern mit den Kindern zu besuchen. Ich gebe zu, es war die Bequemlichkeit, die mich sehr gelockt hatte. Sicherlich hätte ich mit dem Bus nach Mannheim fahren können. Aber mit zwei lebhaften Kindern und Gepäck, das schaffte ich nicht. Ich wollte auch nicht warten, bis mein Mann Zeit und Lust hatte, mit mir und den Kindern etwas zu unternehmen. Am Ort hatte ich sehr wenig Kontakt mit anderen Müttern.

Schließlich beschlossen wir, uns hier im Odenwald niederzulassen. Ich fand die Idee sehr gut. Frische Luft für meine Kinder und viel Spielfläche. Aber o Gott, es gibt am Ort weder Arzt, Zahnarzt noch Apotheke. Die Sportmöglichkeiten sind besser geworden durch eine neue Halle. Wir haben nur kleine EDEKA-Läden, in denen alles sehr teuer ist, Obst und Gemüse in geringer Auswahl und nicht frisch.

Ich fahre mit dem Auto nicht zum Briefkasten. Im Sommer werde ich hauptsächlich radeln, auch zu meinem Naturkoststübchen in Rimbach, den schönen neuen Fahrradweg entlang. Am Wochenende bleiben unsere Autos grundsätzlich stehen (außer, es ist etwas Besonderes). Rolf fährt zur Schule wie ich zur Chorprobe sehr oft in Fahrgemeinschaft. Ins Nationaltheater nach Mannheim fahre ich mit dem Bus. Mir ist es nicht gleichgültig, was mit unserem Wald geschieht, und ich möchte auch, daß meine Kinder, vielleicht meine Enkelkinder sich an diesem herrlichen Grün erfreuen. Aber ich möchte auch leben. Und da ist es ein Unterschied, ob man in der Stadt oder im Dorf wohnt. Die Politiker sollen etwas tun. Bei uns wird sogar die Bahnstrecke stillgelegt, aber Straßen werden neu gelegt. Das Unglück wird ja regelrecht gemacht. Wenn andere Länder längst aufgewacht sind, schläft Deutschland ruhig weiter. Was soll ich da sagen?

Dreirad-Sesselrad
von der Erfinderwerkstatt für Fahrrad- und Behindertentechnik, Berlin

Kathrin Schwenger, 14 Jahre (Aachen)
Schock, Panik, Egoismus und eine typische Gemütlichkeit

Schock, Panik

Autos? In bestimmten Fällen bitte! Menschen haben sie das Leben gerettet, zum Beispiel die Kranken- und Feuerwehrwagen. Noch mehr Leuten haben sie aber das Leben genommen oder sie schwer verletzt für immer. Aber das macht nichts, denn das geht ja so: Man liest, soundsoviele Menschen mehr als im letzten Jahr wurden im Verkehr getötet, alles denkt, mein Gott! Wie schrecklich, faltet die Zeitung zusammen, steigt bedrückt ins Auto und hat an der nächsten Ecke schon wieder alles fröhlich vergessen.

Meine Tante ist an ihren Unfallverletzungen gestorben. Für meine Familie soll das ein Schock gewesen sein, ich war damals noch sehr klein.

Ich fahre mit meinem Kinderrad auf dem Bürgersteig, da kommt aus einer Einfahrt ein großer Wagen geschossen und versperrt mir den Weg. Also, ich fahr - stürmisch wie ich bin - genau in den Wagen rein. Der Fahrer springt heraus und fragt: "Bist du verletzt?" Aber ich hatte nichts als einen mächtigen Schreck bekommen. Da fängt der Kerl an zu brüllen vor Ärger und guckt gleich nach, ob sein Luxusschlitten keine Schrammen hat. Ich habe mein Rad aufgehoben und bin weiter gefahren.

Wenn man mit dem Fahrrad über eine Kreuzung fährt, wird man von den Autos einfach weggedrängt. Man kann in Panik geraten. Bis vor kurzem bin ich über jede Ampel mit dem Fahrrad gegangen! Wenn schon ein Radweg da ist, dann ist er vom Bürgersteig weggenommen und nicht von der Fahrbahn. Und meistens ist er auch noch zugeparkt wie die Bürgersteige, damit sie ja nicht 100 Meter laufen müssen. Es heißt ja eigentlich Bürgersteig und nicht Autosteig!

Wenn meine Mutter meine kleine Schwester zusammen mit deren Freundin im Zwillings-Kinderwagen ausfuhr und sich so ein Idiot mit seinem Wagen auf den Bürgersteig gestellt hatte, konnte sie sehen, was sie machte. Sie mußte auf die Fahrbahn, und darüber regten sich auch noch die Autofahrer auf.

Egoismus und eine typische Gemütlichkeit

Autos? Es gibt Leute, die schimpfen über jedes fremde Auto und fahren selber fünf davon und mit ihnen an die nächste Ecke. Manche brauchen vielleicht zwei Autos, wenn sie in einem Dorf wohnen, und der eine muß zur Arbeit in diese Stadt und der andere in jene.

Wir selbst haben schon seit längerer Zeit kein Auto mehr und kommen gut ohne aus. Naja, ich sowieso, weil ich noch keins fahren darf, aber meine Mutter auch. Sie fährt mit dem Bus oder der Bahn.

Ich war mal im Ballett, und wenn wir Generalprobe hatten, es war kalt und dunkel und ich mußte auf den Bus warten, wäre es mir schon lieber gewesen, meine Mutter hätte mich mit dem Auto abgeholt. Aber das ist ja Egoismus und eine typische Gemütlichkeit. Zwar ist der Bus auch ein Auto, aber es ist doch was anderes, ob 50 Leute mitfahren können oder ob 50 Autos die Luft verpesten. Oder??

Gäb es doch mehr Grün in der Stadt und ruhigere Straßen! Wo meine Oma früher wohnte, da konnte man auf der Straße spielen, das fand ich super. Heute spiele ich zwar nicht mehr mit dem Ball oder so, aber ich fände es toll, wenn das überall ginge, weil es ruhig und grün wäre. Der Verkehr ist so wahnsinnig laut und stinkt zum Umkippen. Ich denke manchmal, jetzt flippe ich aus!!

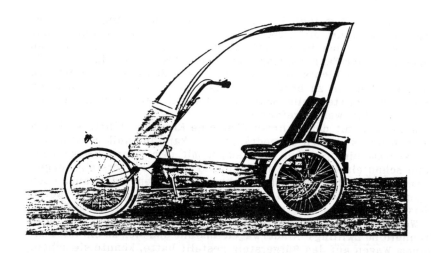

Easy Muscar
von Prof. Schöndorf. Gewicht 30 kg, CW wie beim Tourenrad

Monika Künecke (Berlin)
Berliner Luft

In einer Schule befindet sich sehr sichtbar eine Anlage, wo gemessen wird, wie hoch die einzelnen Smog-Stufen sind. Diese Anlage hat ein paar Mal eindeutig Smog gezeigt. Aber man hat nicht etwa ... ich glaube, man betrügt uns einfach. Man kommt raus und denkt: es stinkt! Es stinkt wirklich in Berlin. Aber es erfolgt natürlich hier nichts. Und ich bin der Meinung, daß auch wir uns einfach was vormachen.

Wir haben uns im Fichtelgebirge ein kleines zweites Zuhause gekauft. Was mich so betroffen gemacht hat, war: den Kindern, die ihren Sportunterricht draußen machen und Ski laufen, ist auf dem Hang schlecht geworden. Einige mußten sogar ins Krankenhaus eingeliefert werden. Die Ursache war ganz schlicht: schlechte Luft.

Wenn ich es irgendwie einrichten kann, benutze ich den Bus. Es kostet mich natürlich Zeit, manchmal eine Stunde mehr Unterwegssein, man kennt ja Berlin! Aber wenn ich das dann gemacht habe, sag ich mir wieder: Monika, du kannst nicht nur Sport treiben. Du mußt dich auch um solche Dinge kümmern, wenigstens etwas!

Ich habe jetzt auch ein tolles Rad. Wenn das Wetter besser wird, fahre ich damit zur Arbeit und zum Sport. Da verstecke ich es immer heimlich in der Turnhalle, ich habe Angst, daß man mir das draußen stiehlt. Trotz des Gestanks, den die Autos machen, sieht man wesentlich mehr Leute radfahren, aber immer noch nicht genug!

Es wird einfach zu wenig mit den Leuten geredet! Nicht mit dem drohenden Finger oder mit ganz tollen Sachen, sondern in einfacher Art ihnen etwas erklären! Wenn sich das erst 'ne Weile gemacht hat, dann wird's zur Gewohnheit: Flaschen sammeln, mal aufs Auto verzichten oder, da ja viele Familien zwei Autos haben, sich zu verabreden: ein Auto bleibt stehen, es wird gemeinsam einkaufen gegangen. Ist sowieso leichter, weil dann der Mann seinen Teil vom Einkauf trägt. Ich mache das mit Bernd[1] so. Ich sehe es nicht ein, daß wir zwei Autos benützen, um zum Sport zu kommen. Ich fahr mit dem Bus hin, und der Bernd nimmt mich mit seinem Auto zurück. So sind wir beide froh. Ich find ganz gut, was wir im Augenblick machen. Ich fühl mich einfach besser. Wenn man 's selber macht, machen 's hundert andere auch, und vielleicht sind 's noch ein paar mehr.

Ich jedenfalls denke auf einmal ganz anders, das hab ich an mir festgestellt. Und ohne groß was draus zu machen, muß ich sagen, hat Henner mich eigentlich bewegt, darüber nachzudenken.

---

[1] Bernd ist ihr Sohn (siehe "'ne janz schön doofe Situation")

Klaus Geßlein (Stuttgart)
Sucht

Frager[1]: Wie begann das bei Ihnen?
Antworter: Schon als Jugendlicher wollte ich immer damit anfangen, aber es war ja für mich noch verboten. Ich wußte aber schon sehr viel darüber. Mein Vater tat es ja auch, man konnte auch in Zeitungen ständig lesen, wie es geht, was es kostet, wie schön es ist. Mein Vater begann erst relativ spät damit, mein Onkel war aber schon sehr früh dabei, wir konnten ihn beobachten. So kam schon als Kind der Wunsch in mir auf, es auch zu tun. Wenn mein Vater es tat, mußte unsere Familie still sitzen und ruhig sein, damit nichts passiert. Später überredete er meine Mutter dazu, es auch zu tun, obwohl sie es nicht wollte. Sie macht es heute noch nicht gern, aber sie hat sich dran gewöhnt und kann sich ein Leben ohne nicht mehr vorstellen. Wenn niemand in der Nähe war, durfte ich es als Vierzehn- bis Fünfzehnjähriger mit meinem Vater ein bißchen probieren. Ich hatte auch Spielzeug geschenkt bekommen, mit dem ich es üben konnte. Da ich in der Schule einer der jüngsten unserer Klasse war, durften beinahe alle anderen vorher damit anfangen. Viele bekamen es auch noch von ihren Eltern bezahlt. Ich konnte es kaum erwarten, bis ich 18 wurde. Natürlich hatte ich mit 16 mit den erlaubten Vorstufen angefangen. Da meine Eltern mir nicht viel Geld gaben, arbeitete ich in den Ferien und trug das ganze Jahr Zeitungen aus, um mir das Geld dafür zu verdienen.
Frager: Was geschah dann, als Sie 18 waren?
Antworter: Endlich gehörte ich dazu. Ich tat es ganz wild, und ich war stolz darauf. Auch die Bemerkungen von Freunden und Verwandten, ich sei ja verrückt, empfand ich als Anerkennung. Ich tat es jeden Tag und fühlte mich stark und frei. Hatte ich Ärger, tat ich es oft besonders lang, hörte Musik dabei und irgendwann verschwanden die Probleme. Es war eine schöne, unbeschwerte Zeit, die damals aufkommende Diskussion über die negativen Folgen nahm ich nicht zur Kenntnis. Da ich mir sonst nicht viel leistete, hatte ich auch immer genug Geld dafür. Ich konnte mir nicht vorstellen, jemals wieder ohne es zu leben.
Frager: Wann änderte sich dann etwas bei Ihnen?
Antworter: Als ich nach Stuttgart zog. Hier in der Stadt wurde ich erstmals unausweichlich mit all den brutalen Folgen konfrontiert. Gleichzeitig boten sich hier Alternativen, die ein Leben ohne erträglich erscheinen ließen. Ich glaube, es war höchste Zeit, oder ich wäre in einer Scheinwelt versunken.
Frager: In welcher Scheinwelt?
Antworter: In der Welt des Glaubens an die Machbarkeit aller

---

[1] Dies ist ein Selbst-Interview von Klaus Geßlein (d.Hg.)

Dinge, des Glaubens daran, daß alles, was gemacht werden kann, auch gemacht werden darf, in einer Welt, in der das "Ich" das Maß der Dinge und "ich will" der Leitspruch ist.

Frager: Wie ging das mit dieser Änderung vor sich?

Antworter: Nun, nachdem mir die negativen Folgen bewußt wurden, sagte ich mir, du mußt dich einschränken, wenn du nicht mit daran Schuld sein willst. Ich habe mich immer mehr eingeschränkt und stellte erstaunt fest, es geht, es geht sogar sehr gut. Ich wurde ruhiger, war weniger hektisch, teilte meine Zeit besser ein, lebte bewußter, kam mehr zum Nachdenken. Nach einiger Zeit, als ich festgestellt hatte, es geht auch ohne, tat ich den letzten Schritt.

Frager: Das ging problemlos?

Antworter: Ja und nein! Einerseits hatte ich freiwillig den Entschluß gefaßt und auch erfahren, daß ich es eigentlich nicht brauche, andererseits hing ich doch noch dran. Aber das größte Problem war, diesen Entschluß im Bekannten- und Verwandtenkreis zu erklären. Ich hatte mich durch meine Wandlung außerhalb aller Normen gestellt; nun war ich wirklich verrückt. Ich war von einem Großteil der Gespräche aufgrund des Themas ausgeschlossen. Allerdings wurde ich jetzt in anderen Kreisen aktiv, lernte neue Menschen kennen, die teilweise gar nicht oder nicht so stark verfallen waren, Menschen, mit denen man sich über andere, wichtigere Sachen unterhalten konnte. Die Sucht habe ich aber nicht ganz verloren. Wenn ich es heute wieder einmal, was selten vorkommt, mache, spüre ich noch immer dieses Kitzeln, dieses Hochgefühl. Aber ich kann wieder aufhören und fühle mich dann ruhiger und wohler, ich hänge nicht mehr dran. Und wieviel Zeit, Konzentration, Hingabe und Gefühle habe ich früher dafür geopfert!

Frager: Haben sie abschließend einen Tip für unsere Leser?

Antworter: Das Wichtigste ist das Erkennen der Sucht. Jeder sollte sich kritisch prüfen, ob er ihr um ihrer selbst willen frönt oder ob sie unverzichtbar ist. Bedenklich wird es, wenn er oder sie Alternativen gar nicht mehr in Erwägung zieht, sie oft gar nicht mehr kennt. Beim Erkennen und Behandeln der Sucht kann auch die Suchtberatungsstelle in Berlin helfen.

Frager: Informationsblätter können angefordert werden bei der Suchtberatungsstelle Auto, Cheruskerstraße 10, 1000 Berlin 62. Herr Antworter, wir danken Ihnen für dieses Gespräch.

Bernd Künecke (Berlin)
'ne janz schön doofe Situation

Es war so, daß ich im Winter zwangsläufig hin und wieder mit der BVG fahren mußte, durfte, weil das Auto nicht so recht wollte. Und ich hab mir dann so meine eignen Gedanken gemacht, ob das möglich ist, ständig auf Öffentliche Verkehrsmittel umzusteigen. Das ist weniger so'n finanzieller Aspekt. 'n Auto kostet ja auch Geld. Letztendlich dürfte das plusminusnull sein, wenn man mal so die Tarife vergleicht.

Vielleicht kostet 's Auto sogar noch ein bissel mehr, ich weiß es nicht so genau. Aber letztendlich mußte ich feststellen, daß es doch in erheblichem Maße unbequemer war. Also ganz doof: morgens mußte man eher raus. Man mußte seine Anschlüsse kriegen. Und weil man noch Sachen mithatte, mußte man sich an seinem Koffer schleppen, - erschleppen fast. Ja, und dann sich durch vollgepreßte U-Bahn-Waggons drängeln, meistens strübbend. Naja. Und wenn man seine Arbeit getan hatte, ging es wieder zurück, oder auch nicht, wenn ich abends noch Abendschule mache und zwischen Arbeit und Schule mal 'ne Stunde Sport, oder wenn man etwas anderes vorhatte, durfte man erstmal, ja, zu 'ner längerandauernden Runde mit den Verkehrsmitteln antreten. Und so ist das natürlich ein bißchen 'ne prekäre Lage. Also. An sich 'ne janz schön doofe Situation !!

Wenn ich 'ne Möglichkeit sehen würde, um auch dazu beizutragen, auf diesem Wege 'n bißchen was zu machen in Richtung Umwelt oder so, dann würde ich das sicherlich gerne tun. Und auch meinetwegen diese kleine Unbequemlichkeit: das Auto eben mal stehn zu lassen und in der U-Bahn zu fahren oder das Tragen einer schweren Tasche oder eines Koffers schon mal in Kauf nehmen; auch notfalls den nicht sehr erquicklichen abendlichen Spaziergang von 'ner halben oder 'ner viertel Stunde von der U-Bahn nach Hause. Aber es kommt einfach irgendwie zeitlich nicht so ganz hin. Und das ist halt ein bißchen problematisch. Ich finde es bedauerlich, aber ich sehe da keinen Weg. Deswegen werde ich also auch weiter in Zukunft mit Kraftfahrzeugen fahren, mit dem Auto oder Motorrad. Um ebend ja auch noch was für mich machen zu können, was für mich! Das ist auch sehr wichtig. Obwohl das letztendlich sicherlich vielleicht in gewissem Maße egoistisch ist. Aber es ist halt für mich zur Zeit der einzige gangbare und sichtbare Weg.

II

Also! Ich bin ganz mächtig auf Achse! Das sind schon etliche Kilometer, die da am Tag zusammenkommen. Ich hab da mal insgeheim für mich so nachgezäht: es gibt Tage, da lege ich hier in der Stadt so 80 bis 100 Kilometer zurück. Und das ist natürlich -find ich schon- 'ne ganz schöne Strecke. Wenn man sich mit anderen darüber unterhält, nachdem ich jetzt so'n bißchen angeregt worden bin, da kriegt man auch so 'ne einhellige Meinung: "Ja. Es ist schon richtig mit den Autos, die machen 'ne Menge Dreck. Und das wissen wir ja auch alle, ist ja bekannt. Aber selbst wenn wir jetzt alle auf Autos verzichten würden, dann haben wir längst nicht so 'ne gute Luft, als wenn alle Kraftwerke und alle Industrieanlagen wirksame Entschwefelungen oder Rauchfilter bekommen würden!"

Naja. Oder: "Wir als Kleine können sowieso nichts tun. Das sind ja nur so 'n paar Prozente, so 'n Tropfen auf'n heißen Stein gegen die andern, die den Dreck in die Luft blasen, daß es nur so qualmt, und wir haben den gleichen Dreck wie vorher. Wir versuchen, was gegen zu machen und sind die Angeschissenen. Letztendlich! Weil wir was dafür opfern, und die anderen opfern gar nichts!"

Es ist halt wirklich verdammt schwer, da was gegen zu sagen. Weil, letztendlich müssen wir alle bei uns selbst anfangen und erstmal vor der eigenen Tür saubermachen. Aber es fällt schon verdammt schwer. Ich glaube, so'n bißchen haben wir ja schon mit angefangen. Wenn ich dran denke: wir hatten mal 3 Autos und 2 Motorräder. Und jetzt wird's ja deutlich weniger. Jetzt haben wir ja bald nur 2 Autos und 1 Motorrad ... und (lacht) 3 Fahrräder. Man tut da 'ne ganze Menge. Wobei man sicherlich noch viel mehr tun muß. Aber es ist für jeden einzelnen, glaube ich, 'ne unheimliche Entscheidung.

Es ist unbequem.
Es ist unhandlich.
Es ist unpraktisch.
Es ist schwierig.

Sinclair C 5
Elektro-Pedal-Dreirad, ca. 30 km schnell, Reichweite 64 km. Der Sinclair kostete 1.500 DM; er wird nicht mehr produziert, da die Nachfrage zu gering war.

Monika und Heimo Porsche (Freiburg)
Droge Auto

Sonntagnachmittag

Es klingelt dreimal; für Monika das verabredete Zeichen, daß jetzt schnell etwas zu essen auf dem Tisch stehen muß. Heimo betritt müde und entnervt die Wohnung. Ein flüchtiger Begrüßungskuß.
Heimo: "Hast Du was zu essen für mich, Maus?"
Monika: "Setz Dich nur hin, ich bring Dir was. Na? Wie wars? Taxifahren erfolgreich?"
Heimo: "Es geht. Aber am Schluß wars toll. Da hatte ich eine Fahrt nach Lörrach. Hin und zurück runde 120 km."
Monika: "Na, dann war es ja wenigstens einträglich."
Heimo: "Stimmt."
Obwohl, das ist natürlich Ansichtssache. Einerseits ist bei weiten Fahrten der Kilometerschnitt schlechter und es werden entsprechend weniger Prozente vergütet. Andererseits kommt eine Summe zusammen, wie bei vielen kleinen Fahrten selten.
Heimo: "Aber das meine ich eigentlich nicht. Ich meine, es ist toll, mal weitere Strecken zu fahren, statt immer nur in der Stadt herum!"
Monika: "Du mit Deinem blöden Spaß am Autofahren! Wann hast Du endlich mal genug davon?!"
Monika sieht nicht, wie ich bei den 12-Stunden-Schichten, in denen ich -zugegeben mühsam- unser Geld verdienen muß, auch noch so etwas wie Lust zu empfinden in der Lage bin. Aber, das ist ja verständlich. Auch mir ist ja nicht klar, warum mir das Autofahren schon immer Spaß gemacht hat und immer noch macht. Und das trotz leidvoller Erfahrungen mit dem Auto (ich denke da an einige Unfälle) und obwohl ich schon vor einigen Jahren mit dem Gedanken gespielt hatte, eine Gruppe militanter Radler zu gründen, mit dem Ziel, den Autoverkehr nicht nur zu beschimpfen, sondern auch zu bekämpfen.
Ganz früher habe ich es einfach nur genossen, mit irgendeinem Auto durch die Gegend zu fahren. Mitunter habe ich mich einfach nur so hineingesetzt und bin auf möglichst kleinen Wegen übers Land gefahren. Wie ein Held habe ich mich dabei gefühlt - stark und frei.
Schon als kleiner Junge habe ich oft ein Gefühl der Unterlegenheit, Schwäche gehabt. Ich hatte den Eindruck, weniger zu können - auch weniger stark zu sein - als z.B. mein um 1 Jahr jüngerer Bruder. Er konnte lange vor mir autofahren (meine ersten Versuche endeten damit, daß ich gegen den Zaun fuhr und ein anderes Mal infolge zu heftigen Bremsens mehrere hinten im Auto befindlichen Torten zerstörte), und er hatte auch vor mir Mädchenkontakte. Im Freundeskreis fühlte ich mich oft als Außenseiter. Ich habe dann versucht, diese Unterlegenheit durch besondere Leistungen - meist reine Aufblasereien - auszugleichen. So z.B. dadurch, daß ich die

Steilküste auf möglichst schwierigen Wegen erkletterte, mit dem Fahrrad, dann mit dem Kleinkraftrad möglichst wild fuhr. Das habe ich dann später wegen einer alkoholbedingten Führerscheinsperre erst mit 18 ½ mit dem Auto fortgesetzt. Ich konnte was, ich leistete was, mir war eine bis dahin völlig unbekannte Stärke erwachsen. So ist es heute noch. Denn schließlich habe ich mich ja freiwillig Januar 1985 (sehr viel Schnee lag damals in Freiburg) als Taxifahrer angeboten. Dazu bestand keine Notwendigkeit; außerdem wurde gerade zu dieser Zeit unser zweites Kind geboren, und ich hätte wirklich besseres zu tun gehabt, als mich durch Meisterung von Extremsituationen (eben in den enormen Schneemassen damals) selbst zu bestätigen. Und wie oft ertappe ich mich: ich bringe mich absichtlich in die schwierigsten Situationen mit dem Auto, und Gründe zum Rasen finden sich immer, genau wie früher.

Heimo: "Früher ..."
Monika: "Früher! Du lebst heute! Heute kann ich das einfach nicht verstehen, daß Du Dich im Auto, beim Autofahren toll fühlst!"
Heimo: "Ja – nein – sollte ich eigentlich nicht – stimmt – aber- ach, ich weiß auch nicht."

Irgendwie fand ich es gut, daß unser Gespräch mich einige Zusammenhänge etwas klarer sehen ließ. Aber ich war froh, daß ich gleich wieder weg und mich vorher noch ausruhen mußte.

Einige Zeit danach

Heimo: "Du Maus, ich fahr noch mal schnell in die Werkstatt."
Monika: "Wieso? Ist dieses Scheiß-Groschengrab schon wieder kaputt?"
Heimo: "Nee – eigentlich nicht, aber es springt schlecht an. Ich fürchte, wir brauchen eine neue Batterie."
Monika: "Schon wieder! Und was kostet uns diese Kleinigkeit diesmal!"
Heimo: Ach, die ist gar nicht so teuer."
Monika: "Wieviel?"
Heimo: "Kaum 120,--"
Monika: "Sag mal, Du spinnst ja wohl. Sonst sparst Du, wo Du kannst, aber für Deinen Scheiß-Mercedes wirfst Du die Hunderter nur so reihenweise zum Fenster raus!"

Und dann spricht sie aus, was ich schon seit langem befürchtet hatte:

"Taxifahren – gut. Klar. Aber ich will, daß wir endlich **unseren** Mercedes abschaffen! Erstens können wir uns den schon lange nicht mehr leisten und zweitens brauchen wir ihn nicht."
Heimo: "Was!! Wieso?? Wieso können wir ihn uns nicht leisten? Und wenn wir doch mal ein Auto brauchen? Wenn wir z.B. Deine Eltern besuchen oder ins Elsaß oder nach Nieder-Österreich fahren wollen?"

Monikas Eltern wohnen bei München, und im Elsaß und in Österreich kaufen wir gerne Wein.
Heimo: "Außerdem und vor allem will ich unser Auto nicht verkaufen!!"
Monika: "Ach nee! Und was der Herr wünschen, das passiert auch?!"
Heimo: "Maus, ich will mich nicht mit Dir streiten."
Monika: "Ich doch auch nicht, Maus. Aber ich sehe andererseits auch nicht ein, wozu wir soviel Geld für Dein Vergnügen verplempern sollen ! Du findest zwar, daß Geld in bezug auf Dein Auto keine Rolle spielt – aber ich will, daß wir es endlich abschaffen. Es stimmt zwar, daß wir uns im wesentlichen alles leisten können, was wir brauchen und wollen: Wir gehen essen, kaufen Bücher, pflegen unseren Weinkeller etc. Aber weißt Du, bei der Sache mit dem Geld geht es mir doch letztendlich um was anderes: Darum, wie wir leben wollen und was uns wichtig ist. Und Geld gibt man ja nur für Dinge aus, die einem wichtig zu sein scheinen. Gerade dies gilt – wenn Du mich fragst – für das Auto nicht. Das Auto trägt bei weitem nicht in dem Maße zu unserer Lebensqualität bei, wie man das im Verhältnis zum ausgegebenen Geld erwarten könnte. Es gilt doch eher das Gegenteil: Wir brauchen es effektiv fast nie – alle täglichen Wege können wir mühelos zu Fuß erledigen und für die größeren Entfernungen gibt es ja die öffentlichen Verkehrsmittel. Diese Art der Fortbewegung ist gesünder, billiger und macht mehr Spaß!"
Heimo: "Es ist richtig – wir brauchen unser Auto fast nie. Aber Du weißt auch wie unangenehm es ist, mit unseren zwei Kindern und dem vielen Gepäck bei einer Reise nach München oder an die Ostsee zu meinen Eltern auf öffentliche Verkehrsmittel angewiesen zu sein. Oder denk mal daran, wie stark unsere Mobilität eingeschränkt wird, wenn wir z.B. spontan mal wegfahren möchten. Außerdem habe ich Dir schon mal gesagt, daß Ich das Auto nicht verkaufe!"

Einige Zeit später

Heimo: "Du Maus – ich glaube, es wäre gut für uns, wenn ich den Fernseher in den Keller brächte. Wir verlieren dadurch zuviel Zeit; laß uns die lieber zum Arbeiten und für sonst welche Sachen, bei denen wir kreativ sein würden, nützen.
Monika: "Du müßtest aber auch nicht immer bis zur letzten Sendung vor der Glotze hängen. Wir könnten ja mal versuchen, nur ausgewählte Sachen anzusehen."
Heimo: "Du weißt doch, daß ich das leider irgendwie nicht schaffe, und kaputt geht das Mistding ja auch nicht. Ich bring den jetzt in den Keller."
Monika: "Na gut! Ich kann auch ohne leben."

Januar 1986

Ich habe das Buch "**Alptraum Auto**" gekauft. Betroffen lege ich es aus der Hand, als Monika von der Uni nach Hause kommt.
Heimo: "Hallo Maus! Ich habe beschlossen, daß wir unser Auto abschaffen!"
Monika: "Was? Toll! Hast Du es endlich eingesehen? Weg mit dem Groschengrab!"
Heimo: "Deshalb doch nicht. Das Auto ist keine Geldfrage, jedenfalls bei uns nicht, dabei bleibe ich. Es geht um was ganz anderes. Dieses Buch!

Mir hat dieses Buch[1] die Folgen der Vergrößerung meines Ich derart drastisch vor Augen geführt, daß ich ..., daß wir einfach anfangen müssen, was zu tun, nämlich unser Auto abschaffen. Gut, ich weiß schon seit einiger Zeit, daß der Strom nicht nur aus der Steckdose kommt, daß Autos eben nicht nur Lärm machen und stinken, sondern daß sie auch zu den Hauptverursachern des Waldsterbens gehören und das Bild unseres Lebensraumes Stadt und unsere Natur nachhaltig verändert haben. Und das alles, nur um mein Ich zu heben? Mit dem Auto? Wie denn, wenn es nicht menschen-gerecht, sondern auto-gerecht bei uns zugeht? Ich will das Auto vernünftig einsetzen. Gut. Aber was dann, wenn ich merke, daß ich es wieder nur brauche, um mich größer zu fühlen? Selbsterhöhung? Freiheit ... abgesehen davon, daß das "Selbst" bei jedem Unfall regelmäßig in die Tiefe sackt, am Ende steht die Unfreiheit aller. Sie ist schon da, die Unfreiheit aller. Das ist ja wie Drogen nehmen. Es riecht nach Abhängigkeit vom Auto, überall! Ich will sie nicht. Ich will sie bekämpfen, ganz normal wie jede andere Abhängigkeit auch, durch Abstinenz, durch Enthaltsamkeit von diesem absoluten Alptraum Auto.

Nachtrag März 1987

Monika: "Meine Güte, ist diese Bahn teuer! - Und dann diese Umständlichkeit! Verbindungen raussuchen, günstigsten Tarif ermitteln, Gepäck zum Bahnhof schaffen, und dann dieser unbequeme Eilzug und diese Zeitverschwendung!"
Heimo: "Ja, aber überleg doch mal, was uns das Auto gekostet hat. Und eine Autofahrt nach München oder sonst weiter weg ist auch ganz schön stressig!
Monika: "Das weiß ich auch. Schließlich war ich die treibende Kraft am Anfang, unser Auto abzuschaffen."

---

[1] Es ist der Katalog zur gleichnamigen Ausstellung 'Alptraum Auto'. Peter M. Bode, Sylvia Hamberger, Wolfgang Zängl, Alptraum Auto: eine hundertjährige Erfindung und ihre Folgen, München 1986

Da, in der Zeit, als wir noch ein Auto besaßen, hat mir meine Beziehung zu ihm keinerlei Probleme bereitet: Ein lästiges, leider für viele notwendiges Übel; ein Ding, das abhängig macht. Abhängig

allein schon durch das Gefühl, ohne Auto nicht frei und mobil zu sein. Und teuer war es! Gut.

Seit wir aber kein Auto mehr besitzen, sind meine Gefühle zwiespältiger, – es ist ganz schwer zu beschreiben: Erleichterung, dieses Übels endlich ledig zu sein, aber zunehmend verspüre ich Wut darüber, daß wir zwar den Verzicht geleistet haben, daß sich dadurch aber natürlich überhaupt nichts ändert. Im Gegenteil. Das Auto feiert Renaissance, Benzin ist billig wie nie, Mann fährt wieder sportlich, das Verkehrsaufkommen steigt und steigt, neue Straßen werden gebaut!

Gut, ich bin meine Abhängigkeit und mein schlechtes Gewissen los. Gut, ich muß auf manches einfach verzichten, was ohne Auto gar nicht oder kaum machbar ist; zumindest verzichten auf einige Bequemlichkeit und Zeitersparnis. Aber zunehmend macht sich bei mir Ärger und Resignation breit, weil ich so machtlos bin: **mein** Auto ist weg; trotzdem ist **das** Auto geblieben, mit allen seinen Folgen; und diesen Folgen fühle ich mich immer stärker ausgeliefert ...

Heimo: "Wir machen es eben für uns, ganz allein für uns; erstmal ..."

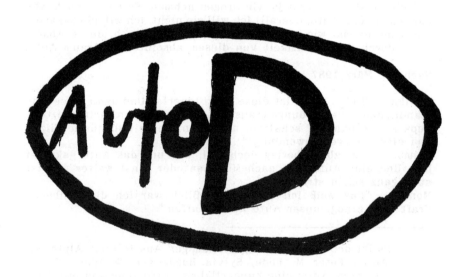

Lydia Kalchthaler (Freiburg-Kappel)
I fahr ja nit groß spaziere

I

Frage[1]: Seit wann fahren Sie Auto?
Lydia: Ich muß grad sehe, – seit 25 Jahr.
Frage: Seit 1960. Das wäre genau das Datum, wo Frau Hug beginnt, die Fenster nachts wegen Autogestank zuzumachen.[2]
Lydia: Hm! Bei mir war 's Auto eigentlich nit groß zum Vergnüge, sondern einfach als Nutzfahrzeug für die Schäferei. Jetscht, wo der Peterhof e Gästehaus isch, jetzt benutz ich's noch für wichtige Erledigungen. In letschter Ziet lauf ich mehr, und ich lauf gern. Ich hab mir ja 'nen Moped angeschafft, daß ich kann 's Auto stehe lasse. Auch aus Sparsamkeitsgründen. Was soll ich da mit dem Auto herumfahre, die Kurzstrecke! Aber sobald es bissel kühl isch, bin ich fertig mit de Bronchien. Und nun war halt 'n schlechter Sommer, und ich hab kaum könne fahre.
Frage: Sie sind 'ne Geschäftsfrau, und Sie sind sehr empfindlich, überempfindlich mit ihren Bronchien. Sie brauchen irgendwas in der Richtung Ausnahme!
Lydia: Hm. Also mal ganz ehrlich, wegen meiner Empfindlichkeit brauch ich das Auto nicht. Ich würd mir halt Sach b'sorge lasse. Aber es komme bei mir so plötzliche und unverhoffte Dinge. Manchmal denke ich: ich könnt' 'e Tax nehme, finanziell wär 's, so wie ich 's brauch, wahrscheinlich nicht teurer mit dem Taxi als mit dem Auto. Aber es isch mit dem Auto irgendwie, mein ich ..., flexibler. Aber ich mein, des sind vielleicht alles faule Ausrede ...
Frage: Was mich wundert, ist, daß Sie Ihr Auto verleihen.
Lydia: Wenn 'ne Situation ischt, dann verleih ich's halt, da kann ich einfach nit nei sage.
Frage: Kein schlechtes Gefühl, daß Sie zwar darauf achten, wenig zu fahren, aber anderen die Möglichkeit schaffen, zum Vergnügen autozufahren?
Lydia: In dem Moment denk ich nit dran.
Frage: Können Sie verstehen, daß ich das nicht verstehe?
Lydia: Jajajaja, ich verstehe.

II

Wenn ich selbst Fußgänger bin in der Stadt und über den Fußgängerüberweg will, da bin ich frech und erzwing mir 's als, wenn einer nit will halte. Oder wen Leut sich nit rübertraue, grad ältere

---

[1] Frager ist der Herausgeber
[2] siehe Maria Hug: 's Sträßli

Leut, und ich nehm sie mit, dann sag ich mir: Scheißautofahrer! Aber wirklich! Und wenn einer 's Autofenschter von dene offehat, dann sag ich: Ja was glaube denn Sie, mir Fußgänger habe auch eine Vorfahrt! Ich mein, das isch schon wieder irgendwie falsch von mir, aber in dem Moment, wo ich en Fußgänger bin, da bin ich Fußgänger. Jaja, es isch ne andere Art, ich finde, ich bin aggressiver als Fußgänger gegen die Autofahrer, aber ehrlich. Wenn ich in der Stadt bin, und i trau mir nit durchatme, dann sag ich für mich selber auch: die Scheißauto! Und sag mir: Fahrscht aber selber eins, und dann trösch ich mich wieder und sag halt: du fahrscht aber nit so wie die und nit so viel wie die. Ich denke nur als: Menschenskinder, gell, also isch ja wahnsinnig, und ich bedauer die Leut, wo in de Stadt wohne, ne, und ich sag dann auch manchmal: Heija, die müsse rausfahre, sag ich dann auch so unüberlegt, die müsse in de frische Luft ...

III

Frage: Haben Sie nicht das Gefühl, daß die Autofahrer die Schwarzwald-Idylle kaputtmachen, und daß Sie dann doppelt schlecht dran sind?
Lydia: Ja. Aber da müßte ebe von obe was komme: ein **Muß**! So wie mit dem Müll und dem biologischen Waschmittel. Ein **Muß**. Aber der Staat macht nix.
Frage: Haben Sie irgendwie so'n Gefühl – ohne daß Sie das jetzt beweisen könnten – so'n Gespür: besser wärs nicht, so'n Autoverbot, das wär für mich nicht so gut?
Lydia: Nei. Wenn e Autoverbot isch, akzeptier ich des.
Frage: Würden Sie nicht in die Lobby gehen von den Gästehäusern?
Lydia: Neineinei! Würd ich nit mache, 100prozentig nicht. Ich sagt: Jetscht macht emal en Experiment! Wolle mir mal gucke, wie 's isch, net. Und ich mein, in dem Moment würden sich ja auch ebe sicher die öffentliche Verkehrsmittel ausbreite und mehr fahre und so weiter. Jaja, 100 Prozent!
Frage: Wenn Sie 's Auto nicht mehr hätten, aus irgendwelchen Gründen ...
Lydia: Würd ich mich damit abfinden, aber jetzt bin i nit stark g'nug z'sage: Scheiß-Auto kommt weg. Hab ich 's nit manchmal schon g'sagt: eigentlich bräucht ich kein Auto, es koscht mich nur Geld. Ich würd lieber sage: Auto Schluß fertig! Ich hab mich entschlosse, in de nächste zwei Monate des Auto abzuschaffe. Wege der Umwelt. Denn ich tu ja auch 's ganze Alu sammle bei mir in de Küch; ich würd nie 'ne Batterie irgendwo neiwerfe, wo 's nit hig'hört. Ich hab soviel Malereiartikelsachen, alte, die würd ich mir nie erlauben, in den Müll zu werfen. Aber mit dem Auto ... ich denk drüber nach. Ich bin einfach noch nit so weit. Und ich weiß nit, wie 's geht. Im Moment emal hab i g'meint: i brauch kei Auto, und dann

kommt die Zeit, wo ich einfach denk: Mensch, was hättst jetscht "ohne" g'macht. Es ischt auch ein Schwachsein, auch Feigheit einfach. Ich mach mir oft Gedanken darüber. Das ischt genau wie immer: Ich hab vor, ich geh in die Kirch, und wenn 's so weit isch, geh i nit. Und wenn 's klingelt, hab i irgendwie en komisches G'fühl.

Der Wincheetah mit Peter Mickenbecker

Ute Becker (Zotzenbach)
Winter in Wengen, Schweiz

Wir waren in Wengen. Dieser Kurort liegt 900 m hoch und ist autofrei.

Eine kleine Bahn mit großem Gepäckwagen führt unten vom Tal gemütlich hoch zum Bahnhof Wengen. Man kann sich schon auf der Fahrt nach oben, die durch herrliche Aussicht sehr reizvoll ist, einstellen auf die Ruhe und Gemütlichkeit. Am Bahnhof warten dann Wagen mit Pferdegespann oder auch leise Elektrogepäckwagen auf die Gäste. Wir schleppten unsere Sachen selbst in die Ferienwohnung.

In Wengen gibt es keine 'Straßen', nur breite Fußwege. Kein Autogestank, keine Hektik, kein Lärm von Motoren. Der Schnee blieb sauber und alles wirkte einfach schön auf mich.

Ich machte lange Spaziergänge. Blieb oft stehen und schaute mir die Schöpfung an. Man fand Leute, mit denen man sich auf Bänken unterhielt und zusammen von der Sonne wärmen ließ. In Stille. Stiller Tag. Stille Nacht. Nach einer Woche fuhren wir wieder ins Tal. Im Parkhaus warteten die Blechkisten auf ihre Besitzer. Wir packten unsere Sachen ins Auto und begaben uns auf die Autoschienen-Straßen.

Ich hatte ein ganz komisches Gefühl. Ich war wieder eingeengt. In Dörfern mußte man parkenden Autos, die neben Schneebergen weit weg vom Straßenrand standen, ausweichen, abbremsen, in Schlangen vor der Ampel warten. Auf der Autobahn die Raserei mancher Fahrer. In Zotzenbach, besonders auf der Eichhornshöhe, wo ich wohne, war es ruhiger. Ich habe in diesem Urlaub gemerkt, daß sich der Mensch sehr schnell umstellen kann.

Dorothea Schlink-Zykan (Schorndorf)
Geht es auch ohne Auto?

I

Im April dieses Jahres stand es fest, daß unser Auto nicht mehr durch den TÜV kommen würde. Dadurch wurde uns eine Entscheidung erleichtert, die wir – angeregt durch Diskussionen im Arbeitskreis Verkehr der Grünen in Schorndorf – in Betracht gezogen hatten; wir beschlossen, es einmal eine Zeitlang ohne Auto zu versuchen und zu sehen, wie es sich für eine Familie mit zwei kleinen Kindern (unsere zweite Tochter wurde Ende Juni geboren) ohne Auto lebt.

Inzwischen ist der Gedanke, man könnte ja ein neues Auto anschaffen, wenn's nicht anders ginge, ganz in den Hintergrund gerückt, denn wir haben in diesen Monaten vorwiegend positive Erfahrungen gemacht. Dazu muß man sagen, daß wir in der Stadt praktisch nie das Auto, sondern das Fahrrad und die Füße benutzt haben. Die größte Umstellung bedeutete die Abschaffung für Clemens, der in Winnenden arbeitet und nun mit Fahrrad, S-Bahn mit Umsteigen und einem zwanzigminütigen Fußweg zur Arbeitsstelle gelangt. Das mag schon etwas hart klingen, aber mittlerweile hat er sich an das frühe Aufstehen gewöhnt und bedauert unsere Entscheidung keineswegs.

Was mich zunächst etwas beklemmte, war die Befürchtung, daß wir nun an den freien Tagen nicht mehr so beweglich sein würden, um Ausflüge zu machen. Die Befürchtung stellte sich als weitgehend unbegründet heraus. Wir haben in diesem Sommer viel unternommen, haben einerseits die allernächste Umgebung erkundet, was man sonst oft unterläßt, wenn man die Gelegenheit hat, mit dem Auto in entferntere Gebiete zu fahren, und haben mit Rucksack und zwei Kinderwagen per Bahn, Bus und zu Fuß schöne Ausflüge gemacht. Z.B. hat es uns gefallen, das Kloster Adelberg, wohin wir früher oft mit dem Auto für einen kleinen Nachmittagsspaziergang gefahren waren, nun von Oberberken her zu erwandern. Freilich – es ist ein bißchen mühsam, Kinderwagen in Busse und Bahnen zu zwängen, aber es kann auch amüsant sein, und Umstände machen Kleinkinder sowieso. Es ist zwar ärgerlich, daß in den Bahnsteigunterführungen meist keine Rampen für Kinderwägen sind – andererseits hat es mir nie an hilfreichen Händen gefehlt. Man braucht natürlich für solche Unternehmungen mehr Zeit, etwas mehr Planung und den Willen, eine gewisse Bequemlichkeit zu überwinden, Aber dafür bekommen sie auch ein besonderes Gewicht. Ende des Sommers sind wir dann mit Kind und Kegel per Bahn nach Österreich gereist und haben auch dort mit Bus und Bahn und Taxi ziemlich viel unternommen, jedenfalls so viel, wie man kleinen Kindern an Ortwechseln zumuten kann. "Aha", mag da einer sagen, "mit dem Taxi! Also kommt man ja doch nicht ohne Auto aus." Und wenn wir sagen, daß wir zwei- oder dreimal ein Auto von Freunden geborgt haben und ein paarmal bei anderen mitgefahren sind, wird diese Reaktion verstärkt kommen.

Aber es geht doch nicht darum, das Auto total abzuschaffen, sondern im Interesse unserer gefährdeten Umwelt das Auto so wenig wie möglich zu benutzen. "So wenig wie möglich" – das ist ein dehnbarer Begriff. Und es ist sicher einfacher, diesen Anspruch zu erfüllen, wenn man kein Auto hat, als wenn das eigene Auto fahrbereit vor der Tür steht.

Wir wollen uns nicht pharisäischer Genugtuung hingeben und uns als Retter des Waldes darstellen; wir wollen mit dem hier Beschriebenen zeigen, daß es sich – zumindest in einer Stadt wie Schorndorf – ohne Auto gut leben läßt, und wir wollen alle, die dafür ein Ohr haben, ermutigen, ihr Auto so oft wie möglich – und das in einem möglichst radikalen Sinne – stehenzulassen. Denn sicher brächten eine drastische Verringerung des Individualverkehrs und vor allem die damit verbundene Gesinnungsänderung dem Wald und der gefährdeten Natur mehr als Tempobeschränkung, Katalysator und bleifreies Benzin zusammengenommen.

Aber ich will der Ehrlichkeit halber sagen, daß es schon Situationen gibt, in denen ich das Auto vermisse. Es sind dies Situationen, in denen ich das starke Bedürfnis habe, schnell über 's Wochenende in eine möglichst entlegene Gegend zu kommen, wo's einfach weniger Menschen, weniger Straßen, weniger Ballungen, weniger Fabriken gibt als hier. Dabei geht es mir nicht um's eigene Auto, denn es macht mir nichts aus, von (noch) autobesitzenden Freunden mit ähnlicher Gesinnung abhängig zu sein, aber es stellt sich – ganz hart ausgedrückt – die Frage: Kann ich viele km mit diesem umweltschädlichen Fahrzeug durch die Gegend fahren, um dann irgendwo in der Einsamkeit Natur zu genießen? Ich persönlich neige in diesem Punkt zu einer weniger radikalen Lösung: ich möchte mir so etwas selten, aber doch hin und wieder gönnen, denn erstens möchte ich mir die Natur, zu deren Erhaltung ich beitragen will, manchmal besehen, und zweitens habe ich keine Lust, ein Märtyrer zu sein. Und daß wir uns nicht als solche fühlen, ist hoffentlich klar geworden. Zum Schluß noch eine Bemerkung: auf allen Unternehmungen dieses Sommers haben wir mit Betroffenhet und Traurigkeit das steigende Ausmaß der Naturzerstörung und des Waldsterbens wahrgenommen – ein Grund mehr, den Kauf eines neuen Autos (mit Kat) vorläufig nicht mehr in Erwägung zu ziehen.

II: Ein Jahr später

"Heute feiern wir ein Jahr Befreiung", sagte Clemens am Jahrestag der Abschaffung unseres Autos zu verschiedenen Leuten. Man lächelte wohlwollend, gutmütig, aber auch skeptisch: "Kann es wirklich befreiend sein, ohne eigenes Auto zu leben?" – Nun, Clemens und ich haben dieses Jahr nach den ausschließlich positiven Erfahrungen der ersten Monate, teilweise unterschiedlich erlebt, aber wir sind uns darin einig, daß wir uns einen neuerlichen Einstieg ins Autodasein derzeit nicht vorstellen können. Ich sage "derzeit", weil ich mit Sprüchen wie "nie wieder", "auf gar keinen Fall" generell vorsichtig bin und überhaupt mit allzu absoluten Haltungen Schwierigkeiten habe. Aber zurück zu unserem unterschiedlichen Erleben in diesem Jahr: Clemens hat in diesen gut 14 Monaten nicht ein einziges Mal ernsthaft die Abschaffung unseres Autos bedauert, weder im Winter auf seinem nicht sehr bequemen Schulweg, noch dann, wenn er auf dem Fahrrad Sprudelkisten, Dreiräder, Liegestühle, Plakate etc. transportierte. Im Gegenteil – er tut das sogar gern, weil er damit sich und anderen zeigen kann, was das Fahrrad alles vermag und wie oft das Wort von der Unersetzlichkeit des Autos nicht stimmt.

Ich selbst habe zwar nie die Idee gehabt, auf eine Rückkehr zum eigenen Auto zu drängen – aber manchmal hab' ich schon geseufzt und davon gesprochen, daß der Verzicht auf das Auto nicht leicht sei. Das wiederum führte zu Konflikten mit Clemens, der das Wort "Verzicht" in diesem Zusammenhang nicht angebracht fand. Denn ihm ist die Erfahrung wichtig, daß man bei einem ökologisch orientierten Leben nichts entbehrt, sondern im Gegenteil zu einem besseren Lebensgefühl findet. Ich verstehe diesen Standpunkt, finde ihn gut, aber wenn ich ehrlich sein will, muß ich dabei bleiben: zeitweise, vor allem in den feuchtkalten Wintermonaten empfand ich die Abschaffung des eigenen Autos als Verzicht, allerdings ausschließlich im Hinblick auf die Mühseligkeit der Fortbewegung mit den zwei Kindern. In den letzten Sommerferien, von denen ich im ersten Teil berichtet habe, war Clemens ja fast immer dabei gewesen, wir hatten die damals zweieinhalbjährige Anna auch noch oft im Sportwagen transportiert, aber als ich dann in den Herbst- und Wintermonaten alleine mit den Kindern etwas unternehmen wollte, z.B. Freunde außerhalb unserer Stadt besuchen, war das schon schwieriger. Ich mußte mit Wind und Wetter, mit Fahrplänen, die mit den Schlafenszeiten der Kinder nicht korrespondierten und vor allem mit Annas langsamem, oft widerwilligem "Gezockle" neben dem Kinderwagen und ihrer Müdigkeit auf dem Rückweg zurechtkommen. Oft holte Clemens dann abends Anna von Bus oder Bahn mit dem Fahrrad ab – es ging also auch, aber eine Wonne war es nicht. Ich nahm damals auch öfters die Dienste von Freunden in Anspruch, die mich mit den Kindern von zu Hause abholten. Ich kam mir da allerdings ein bißchen blöd vor, weil ja dadurch die Strecke viermal gefahren wurde statt zweimal. Aber im nachhinein denke ich mir, daß ich mit einem eigenen Auto im Gesamten viel mehr gefahren wäre.

In dieser Zeit entstand auch kurzfristig und ganz vage die Idee, mit mehreren befreundeten Familien zusammen ein Auto zu besitzen und in dringenden Fällen zu benützen. Sogar Clemens, der ja das Auto gar nicht vermißte, fand diese Idee nicht schlecht, weil er meinte, dieses Modell sei vielleicht politisch wirksamer, weil für mehr Menschen nachvollziehbar als der völlige "Verzicht" auf's eigene Auto. Aus diesem Projekt wurde nichts, und so wie es mir derzeit geht, bedaure ich es nicht. Denn ich habe mittlerweile festgestellt, daß die Zeit des mühseligsten Kindertransportes ja auch begrenzt ist und vorübergeht. Schon heute erfreue ich mich einer mir genügenden Mobilität. Anna geht jetzt viel ausdauernder, und vor allem sind seit einiger Zeit beide Kinder auf dem Fahrrad transportierbar, auch wenn Clemens nicht dabei ist. Es macht mir richtig Spaß, die einjährige Judith auf den "Buckel" zu schnallen, Anna vorne auf den Fahrradsitz zu setzen und loszufahren, in die Stadt, in die nähere Umgebung, zu Bus und Bahn, die uns dann problemlos weiterbringen. Freilich, am ansteigenden Weg zurück muß ich manchmal schieben, weil mir die zwei Kinder und eingekaufte Sachen zu schwer sind, aber diese Anstrengung macht mir nichts aus, sie gibt mir sogar ein ganz gutes Gefühl von Zufriedenheit, weil ich unabhängig bin, und das ist mir lieber als der Streß, den Stau, Hitze im Auto, heulende Kinder im Fond und Parkplatzsuche verursachen würden. Wie das alles im kommenden Winter sein wird, weiß ich noch nicht, aber ich bin überzeugt, daß es besser gehen wird als im letzten.

Vielleicht wundert es manchen, daß ich Probleme mit dem "autolosen" Dasein nur im Zusammenhang mit den Kindern beschreibe. Aber so ist es für mich und uns – ohne Kinder würden wir das Auto noch weniger vermissen, vor allem solange wir in einer Stadt mit S-Bahn-Anschluß wohnen, und solange wir zwei gesunde Füße haben. Am Wochenende würden wir ein Stück mit Bahn oder Bus fahren und dann auf längeren Fußwanderungen, nach denen wir übrigens große Sehnsucht haben, entlegenere Punkte erreichen. Das ist natürlich mit Kleinkindern nicht so gut möglich, vor allem wenn sie zu groß sind, um im Wagen zu sitzen, aber zu klein, um ausdauernd zu wandern. Drum freue ich mich – und Clemens hat auch nichts dagegen –, wenn wir hin und wieder mit Freunden und Verwandten im Auto an Orte mitfahren können, die wir sonst nicht erreichen würden. Da hab' ich dann auch nicht eine Spur von schlechtem Gewissen.

Was Urlaubsfahrten betrifft, so haben wir seit dem letzten Sommer weiterhin nur positive Erfahrungen mit dem "autolosen" Reisen gemacht. Übrigens haben wir schon früher, als wir über die Problematik des Autos noch weniger nachdachten, festgestellt, daß unsere schönsten Urlaubsunternehmungen jene waren, die wir mit öffentlichen Verkehrsmitteln und zu Fuß gemacht haben. Darüber könnte ich einen eigenen Beitrag schreiben, aber ich will nicht zu weitschweifig werden und lieber noch etwas über die Reaktionen unserer Umwelt sagen.

Da die meisten unserer Bekannten zumindest grün angehaucht sind, waren die Reaktionen auf die Abschaffung unseres Autos eher positiv. Aber es gab natürlich auch welche, die uns irgendwie bedauerten und uns als eine Mischung aus Märtyrer und armen Hascherln betrachteten. Das war mir nicht sehr angenehm zu der Zeit, als ich mich tatsächlich sehr oft auf die Hilfe autobesitzender Freunde angewiesen fühlte. Aber diese Zeit ist ja nun vorbei, und wenn ich ganz selten einmal ein Auto brauche, fühle ich mich nicht als armes Hascherl.

Richtig angeeckt sind wir mit unserer "Autolosigkeit" noch nie, aber dieser Fall würde wohl nur dann eintreten, wenn wir es plötzlich ganz ablehnen würden, in ein Auto zu steigen, oder aber wenn wir unsere autobesitzende Umwelt ständig kritisieren würden und zum Autoverkauf bekehren wollten. Was mich betrifft, so liegt mir ein so geartetes Engagement nicht, weil ich überhaupt dazu neige, Konfrontationen zu meiden. Das ist sicher in vielen Belangen eine schlechte Eigenschaft, andererseits ist Penetranz auch nicht immer das geeignete Mittel, um anderen seine Ideen zu vermitteln. Lieber erzähle ich von unseren positiven Erlebnissen, die für viele Leute sehr erstaunlich sind. Und ich könnte mir auch vorstellen, daß ich deutlicher und mutiger unsere wichtigste Erfahrung darstelle: daß nämlich die Benützung des Autos viel seltener nötig ist, als das selbst wohlmeinende, ja sogar grün wählende und um die Natur besorgte Leute wahrhaben wollen. Clemens hat nicht die Eigenschaft, Konfrontationen zu vermeiden, im Gegenteil, aber auch er hält in diesem Bereich mehr vom Vorleben als vom Predigen. Allerdings drückt er seine Einstellung auch verbal sehr deutlich aus, wenn es darauf ankommt.

Noch eines: Je weniger ich autofahre und je weniger ich das Auto vermisse, desto mehr stört mich die Allgegenwart des Autos und desto deutlicher erlebe ich, in welchem Maße die Natur dem Autoverkehr geopfert wird und wie groß die Macht über Mensch und Natur ist, die dem Auto hier in der BRD von offizieller Seite zugestanden wird. Ich sage "in der BRD", weil ich den Eindruck habe, daß es beispielsweise in Österreich noch nicht so schlimm ist, und ich hoffe, daß es nicht nur die Liebe zu meinem Herkunftsland ist, die mich das glauben macht.

Bernd Schnabel (Nagold)
Radeln

Vom Nagolder Tal führt eine schmale Straße auf die bewaldete Höhe des Killesbergs und mündet dort in einen alten Postweg, der früher einmal Stuttgart und Freudenstadt verband und jetzt nur noch ein Waldweg ist, von hohen Tannen und Fichten beschattet. Der Weg öffnet sich vor mir und gibt den Blick auf das tief unten liegende Waldachtal frei, in dem die Waldach durch den vom ersten Grün erhellten Wiesengrund in schönen Mäanderschleifen hinzieht. Es geht einen Hügel hinab. Unter den Reifen knirscht der Kies, schnell gewinnt das Rad an Geschwindigkeit. Was für ein Spaß. Aber da flüchtet ein Reh. Vor mir. Ach!

Jetzt kommt die Senke und wieder ein Aufstieg. Warum sportlich den Berg hochhechten? Ist es im Wald nicht grad so schön ein Stück weit gehen? Das Radeln lehrt, anders mit der Zeit umzugehen, nicht in Minuten herumzurechnen. Es ist nicht leicht, sich von der Zeitdoktrin zu lösen. Jede Veranstaltung, viele weiterführende Verbindungen bei Bahn und Bus passen auf die Minute scharf. Man muß sich oft genug nach ihnen richten. Ich fahre meistens früher los, um zeitlos dahinzuradeln. Immer neue Begebenheiten der Jahreszeiten, die sich in einzelnen Laubbäumen, auf den Wiesen, in allen Wettern bespiegeln, faszinieren mich. Nicht Sekunden, sondern der flüchtige Blütenduft des Fliederbusches am Wegrand, nicht Tage, sondern das langsam sich ändernde Grün seiner Blätter dringen in mein Bewußtsein. Der Weg führt auf eine kleine Landstraße und nach kurzer Steigung auf den Egenhauser Kopf. Mit einem Blick auf den nördlichen Schwarzwald bereite ich mich auf die letzten Kilometer Bundesstraße vor. Der andere mögliche Weg ist allzu anstrengend und weit.

Plötzlich gilt es, nur noch sein Ziel zu erreichen: mit hundert Sachen von hinten an meiner roten Abstandhalterkelle vorbeizubrausen, entgegenkommende 'langsamer' fahrende Wagen mit Hundertundzwanzig zu überholen, obwohl ich im Wege bin, und mir die Flucht in den Straßengraben zu überlassen, donnernd mit Anhänger mich in seinen mächtigen Rücksog zu ziehen und wieder abzuschütteln, mit Blinkzeichen und großem Abstand weniger eilig und mit netten Aufklebern am verzierten Stinkheck mich zu überholen:

"100/80"

"Der Wald stirbt"

Vom Westen her rücken Schwarzwolken an, ich stemme mich gegen den Wind, es beginnt mir ins Gesicht zu regnen, in meine Kleider, in meine aufgewühlten Gedanken und aufkeimende Wut. Der Regen hat meine Spannung aufgeweicht. Auf der rechten Seite des kleinen Waldgebiets liegt Herzogsweiler und der Biobauernhof, auf dem ich eine landwirtschaftliche Lehre mache und wohne, wenn ich nicht gerade zuhause in Nagold bin.

Andrea Maag (Freiburg)
Die Konsequenz

I

Als ich 1979 nach Berlin umgezogen war, glaubte ich, einen weiteren Schritt in das Erwachsensein und die Unabhängigkeit getan zu haben, den zweiten nach dem Erwerb des Führerscheins, mit dem ich mir unbegrenzte Mobilität zuschrieb. Meine Eltern hatten mich als Kind und Jugendliche in meiner Beweglichkeit beschränkt, indem sie mir das Fahrradfahren alleine verboten, weil es wegen der Autos zu gefährlich sei, und indem sie mir ein Foltergerät namens Klapprad zur Verfügung stellten. Sie vertrösteten mich mit meinem Wunsch nach Fortbewegung stets auf den Zeitpunkt nach dem Führerschein.

Der Wunsch, ein eigenes Auto zu haben, war stark wie eh, als ich in Berlin ankam – bis ich meine erste Tour als Beifahrerin um den 5-spurigen Ernst-Reuter-Platz machte und feststellte, daß im Straßenverkehr einer Großstadt das Faustrecht der PS-Stärksten gilt. Da kamen mir zum ersten Mal Zweifel am Sinn des Autofahrens in einer Stadt. Von da an lehnte ich es ab, in der Stadt selbst Auto zu fahren, wollte es nur noch "über Land" tun. Anderthalb Jahre später trennte ich mich von meinem Freund, damit auch von einem Auto, das ich mir finanziell nicht leisten konnte.

Ich stieg um vom Beifahrersitz auf den Fahrradsattel. Wie groß war mein Erstaunen, als ich feststellte, daß ich mich trotz der vielen hundert Kilometer, die ich in anderthalb Jahren als Beifahrerin quer durch Berlin hinter mich gebracht hatte, in der Stadt kaum zurechtfand, sobald ich nicht mehr hinter der Windschutzscheibe saß. Ich erkannte kein einziges Haus wieder, an dem ich zuvor so oft mit 50-60 km/h vorbeigefahren wurde. Mein Erleben und Entdecken der Stadt war völlig unsinnlich gewesen. Ich begann, Berlin mit dem Rad zu er-fahren. Allmählich begriff ich, daß erst jetzt meine eigentliche Freiheit und Befreiung vom Kindsein begonnen hatte und nicht, wie ich mir einbildete, bereits mit achtzehn mit dem Führerschein.

Die Befreiung bestand darin, daß ich mich den Vorstellungen der Gesellschaft, vermittelt durch meine Eltern, widersetzte und die Droge ablehnte, die sie mir anboten, damit ich nicht merke, was mit unserer Welt rings um mich geschieht. Ich eroberte mir das Vertrauen in meine Beine zurück, erkämpfte mir die Freiheit zu riechen, was da stinkt, zu hören, was da lärmt, zu fühlen, was da schmerzt. Mit dieser Freiheit begab ich mich gleichzeitig in Opposition zu den Autofahrenden.

Es ist nicht möglich, "tolerant" zu bleiben angesichts der Todesbedrohung, die tagtäglich von jedem Autofahrer für jeden Fußgänger und jeden Fahrradfahrer ausgeht. Ich erlebte, wie sich die Persönlichkeit auch meiner besten Freunde veränderte, sobald sie sich hinter ein Lenkrad setzten. Die aufgeklärtesten, friedliebendsten, umweltbewußtesten Menschen schienen nichts von dem zu ahnen, was sie uns ungepanzerten Verkehrsteilnehmern antaten. In mir reifte der Entschluß, mich nicht wieder auf einen Autositz niederzulassen, sei es am Steuer, sei es als Beifahrerin.

Heute, nach 10 Jahren Führerschein und 6 Jahren Erfahrung als Alltagsradlerin, spüre ich immer deutlicher, daß manchmal auch die Fahrradgeschwindigkeit für mich zu rasant sein kann. Das Fahrrad benütze ich nur noch, um schnell von einem Ort zum anderen zu gelangen. Um Tiere oder Pflanzen zu erleben, empfinde ich das Fahrradfahren aber als zu eilig. Seitdem ich meine Füße als Fortbewegungsmittel anerkenne, sehe ich auch das, wonach ich mich bücken muß, um es zu erblicken. Ich habe mich mit Insekten angefreundet, die ich früher mit Sicherheit getötet hätte, weil sie mir fremd und bedrohlich erschienen. (Spinnen dürfen sich inzwischen in meiner Wohnung wohlfühlen). Seitdem ich mich auf dem Boden der Tatsachen bewege, weiß ich um meine eigene Stärke, aber auch um meine Verletzbarkeit und die der anderen Lebewesen um mich herum.

II

Liebe B.!

Ich bin wie Du der Meinung, daß wir die Umweltsünden unserer Eltern und Großeltern nicht mit Reden und Schreiben beheben können, sondern durch Tun. Das ist nämlich der Grund, weshalb ich ganz persönlich aufgehört habe, das Auto als Fortbewegungsmittel zu benutzen. Die Einsicht, daß das Autofahren schädlich ist, verlangt eine radikale Umstellung des eigenen Lebens, auch unter Verzicht.

Ich bin nach 6 ½ Jahren Großstadtleben aus Berlin weggezogen, weil es mir dort im wörtlichen Sinn den Atem verschlagen hat: im Durchschnitt an 10 Tagen Smogalarm im Winter. (Ich weiß, daß der Harz und die Umgebung von Hof auch nicht mehr smogfrei sind.) Trotz der Appelle an die Bevölkerung, trotz guter öffentlicher Verkehrsverbindung fahren aber die 700.000 in Berlin zugelassenen Autos weiter (jeder zweite Berliner über 18 hat ein Auto). Meine letzte Wohnung lag nah am Ku'damm, und so bekam ich auch allmählich mit, daß in Berlin, das durchgehend geöffnet ist, niemals Nachtruhe eintritt. Am Freitag- und Samstagabend ist der Ku'damm vollgestopft mit Autos. Selbst die öffentlichen Verkehrsmittel kommen nicht voran, weil die Busspur zugeparkt ist. Als Fahrradfahrerin wurde ich von den Autofahrern aggressiv verfolgt.

Im Winter 84/85 mußte ich feststellen, daß ich meine Wohnung nicht mehr lüften konnte, weil ich nur die Dreckluft hereinließ und meine gute Pflanzenluft nach draußen. Nach jedem Gang hinaus stank meine Kleidung, und meine Haare rochen nach Verbranntem. Wenn ich die Nase schneuzte, war mein Taschentuch grauschwarz. Da faßte ich den Entschluß, Berlin so schnell wie möglich zu verlassen und mir eine Gegend zu suchen, in der sich Leben noch lohnt. Ich fand Freiburg und den Schwarzwald. Zwar konnte ich endlich wieder frei durchatmen, aber bald stellte ich fest, daß auch der Schwarzwald kein Paradies mehr ist. Ich sah die Baumleichen, die Nottriebe, die hilflosen Behandlungsmethoden der Förster. Gleichzeitig sah ich die Autofahrer, die unbeirrt bis in die Naturschutzgebiete hineinfahren, um sich dort zu 'erholen'.

In Freiburg habe ich begonnen, meine Wut, die ich bis dahin nur individuell ausgelebt habe (im Wehren gegen die Bedrohung durch die unästhetischen Blechpanzer, durch Diskussionen mit Autofahrern, Zerwürfnissen mit Freunden) in politische Aktionen umzusetzen. Ich arbeite hier in einem Arbeitskreis 'Verkehr' mit, der es sich zum Ziel gesetzt hat, die Diktatur des individuellen Automobilismus zu zerschlagen, die Stadt den Menschen zurückzugeben, den Fußgängern, den Radfahrern, den spielenden Kindern (damals existierte hier bereits die Umweltschutzkarte, von deren Existenz Du in Karlsruhe bestimmt auch schon gehört hast). Wir wollen den Schwarzwald nicht nur als Wirtschaftsgebiet (Holz), sondern auch als Erholungsgebiet erhalten. Deshalb ist es wichtig, den Autoverkehr so weit wie möglich vom Schwarzwald fernzuhalten.

Wir haben inzwischen erfahren, wie zwiespältig das Verhältnis von Einsicht und Handeln bei vielen Menschen ist. Sie wissen, was uns kaputt macht, aber sie haben große Schwierigkeiten, ihr eigenes Leben nach dieser Einsicht einzurichten. Ich habe meine Familie gebeten, mich nicht mit dem Auto zu besuchen. Meine Eltern kamen mit dem Zug. Meine Schwester mit Mann und Kind auch. Nur mein Bruder weigert sich, auf meine Forderung einzugehen (ich habe ihn deshalb seit zwei Jahren nicht mehr gesehen). Seine Sorge um unsere Umwelt zerstreut sich, wenn es darum geht, auf die eigene – vermeintliche – Bequemlichkeit zu verzichten. Dabei ist die Bahn viel bequemer, schneller, sicherer, streßfreier, umweltfreundlicher, kommunikationsfördernd etc. Das Verursacherprinzip gilt nur für die anderen, nicht für einen selbst.

Aber die Tatsache, daß jemand ein Auto nicht hat, ist noch lange kein Beweis für Überzeugung, sondern kann auch ganz andere Gründe haben, z.B. Geldmangel oder die Zugehörigkeit zu einer Clique, in der Radfahren als 'chic' gilt (z.B. unter Studenten).

Mit Deiner Aussage, daß Du vor Dir selbst verantworten kannst, wann Du Dein Auto benutzt und wann nicht, ist es Dir wohl auch nicht ganz so ernst, wenn Du gleichzeitig eine ganze Reihe von 'Sachzwängen' anführst (schlechte Verkehrsverbindung, Kosten der Bahnfahrt, "Chef verlangt Auto"), um Dein Autofahren zu erklären. Wer zwang Dich eigentlich zum Autofahren, als Du mir anbotest, mich in Karlsruhe vom Bahnhof abzuholen, wenn ich zu Deinem Fest käme, oder mir vorschlugst, einen Ausflug in den Schwarzwald oder ins Elsaß zu machen?

Wirfst Du den Leuten, die sich für Rauchverbote in öffentlichen Räumen einsetzen, gegen Kernkraftwerke und Giftmülldeponien demonstrieren, die sich gegen Atomtests engagieren, sich also für die

Gesundheit aller – auch der Generation nach uns – einsetzen, ebenfalls Intoleranz vor, wie Du sie mir nachsagst?

Was meinst Du, was ich mit Menschen reden soll, die meine persönliche Überzeugung, die 'Göttin sei Dank', keine Einzelmeinung mehr ist, einfach so übergehen zu können glauben? Weißt Du, Du bist nicht die einzige, mit der ich "es so mache". Ich habe schon viele Menschen wegen meiner Haltung verloren, aber ich habe auch andere Menschen kennengelernt, die ihr Wissen in ihrem Leben umsetzen.

Nun zu Deinem Satz "Schade, daß eine Freundschaft wegen so etwas Unwichtigem wie dem Besitz eines Autos in die Brüche geht":
1. Es geht nicht um den individuellen 'Besitz eines Autos', sondern um das Autofahren.
2. Etwa 9.000 Tote und 500.000 Verletzte durch Verkehrsunfälle sind es jedes Jahr (die Zahlen sind für 1986 belegt).

Ungezählt ist der Tod der Tiere auf den Straßen, nicht gerechnet die Vergiftung durch Dioxin, Asbest, Blei, krebserregenden Ruß (Diesel), das Waldsterben durch Photooxydantien, der Landschaftsverbrauch, die Energieverschwendung etc.

Etwas 'Unwichtiges'?
A.

PS: Vielleicht hast Du S. falsch verstanden oder sie hat es Dir nicht richtig erzählt, aber ich habe noch nicht einmal mehr Lust, überhaupt mitzufahren. Wenn ich wirklich mal ein Auto brauche, dann wende ich mich an die Autofahrer, die damit ihr Brot verdienen: Bus-, Taxi-, LKW-Fahrer. Übrigens bin ich bisher noch an jeden Ort gekommen, zu dem ich wollte.

Rolf Disch (Freiburg)
Sonnenräder

Frage[1]: Wie kommt die Sonne in Deine Räder?
Rolf: Also der Weg ist folgender: man hat ein Solardach, mit dem man die Sonnenstrahlen auffängt, die werden dann verwandelt in elektrischen Strom. Dieser Strom wird in den Batterien gespeichert, und der Motor holt sich seinen Strom aus den Batterien. Die Batterien erfüllen die Funktion, die beim Auto der Tank hat, und das Solardach erfüllt die Funktion der Tankstelle. Die Elektromotoren werden also über die Solardächer gespeist. Nun steht das Fahrzeug ja eh die meiste Zeit herum, und in der Zeit wird die Batterie aufgeladen. Wenn man dann fährt, kann man zwar ständig Strom aus dem Solardach holen, zusätzlich, aber der meiste Strom kommt eigentlich aus den Batterien, sprich Tank.
Frage: Vielleicht ist es etwas verwirrend, daß bei Dir im Prospekt Elektromotoren und Solarmotoren unterschieden werden.
Rolf: Im Prospekt steht: es gibt das Elektromobil und das Solarmobil. Beim Elektromobil fehlt halt das Solardach vorerst, ja? Und solange muß man den Strom aus der Steckdose holen, oder man hat zuhause, meinetwegen auf der Garage, ein Solardach und lädt da die Batterien auf und holt von dort wieder den Strom für das Fahrzeug.
Frage: Also nochmal, dieses Mobil hat einen Elektromotor, ganz egal, ob der Strom aus der Steckdose oder aus dem Solardach kommt, und das wieder kann als Mobildach mitgeführt oder zuhause fest installiert sein, wie immer, es füllt die Batterien nach.
Ralf: Es ist ja eine relativ einfache Technologie in einem Solarmobil (gut, wenn's mal entwickelt ist, ist es sehr einfach), man fährt praktisch mit einem einzigen Motor, im Auto sind vieleicht 50 von diesen Motoren drin, das glaubt man gar nicht, wenn man die Elektromotoren mal alle zusammenzählt, die in einem Auto drin sind. Dieser Motor, mit dem wir fahren, ist im Auto z.B. als Lichtmaschine eingebaut, um die Stromversorgung für die Batterien zu bringen; die wird praktisch mit dem Benzinmotor angetrieben und bringt Strom für die Batterie, damit ich wieder starten kann. Ja, man braucht ziemlich viel Energie, um den Benzinmotor wieder anzuschmeißen.
Frage: Hat der Breitengrad, hat das Wetter für ein Sonnengefährt irgendeine Bedeutung? Also jemand wohnt in Westerland, im Odenwald oder im Südwesten hier; gibt's irgendwelche Vor- oder Nachteile, je nachdem wie jemand wohnt, für das Solarmobil?
Rolf: Ich meine, da sind keine großen Unterschiede. Es ist natürlich so, daß verschiedene Gegenden etwas mehr Sonnenschein haben, oder mehr Licht haben als andere. Aber im großen und ganzen kann man sagen, daß das Licht in Norddeutschland ebenso ausreicht wie

---

[1] Frager ist der Herausgeber

das Licht in Süddeutschland. Man braucht ja auch nicht die direkte Sonne, um den Strom einzufangen, sondern es reicht diffuses Licht, allerdings kommt da weniger an, das direkte Licht ist natürlich immer wirkungsvoller.
Frage: Spielt Wärme eine Rolle, oder ist es egal, ob die Sonne eine besondere Wärme erzielt?
Rolf: Das Solarmobil fährt nicht mit Wärme, sondern mit Strom. Es wird überhaupt keine Wärme genutzt, sondern die Solarzellen verwandeln das Licht in Strom. Ja, Wärme ist für die Nutzung der Solarzellen gar nicht so gut. Je kälter die Solarzellen sind, um so mehr Spannung liefern sie. Wenn wir jetzt mit diesen Zellen in heiße Gegenden gehen, wir fahren ja demnächst nach Australien, machen 'ne Australiendurchquerung, da haben wir das Problem, daß die Zelltemperatur bis auf 80° ansteigt und so die Spannung abfällt. Wir müssen das berücksichtigen bei der Auslegung, denn wir sammeln weniger Energie ein. Wenn wir es schaffen würden, die Zellen zu kühlen, ja, dann würden wir mehr Leistung einfangen. Aber der Energieaufwand, sie zu kühlen, ist viel größer als der dadurch erreichbare Energiezuwachs. Anders ist es mit den Batterien. Den Batterien tut die Wärme gut. So daß man sicher sagen kann, in unseren Breitengraden sind wir gut bedient.
Frage: Wie sind die Reichweiten, wie ist das Verhältnis von Selbsttreten und Solarhilfe, wie ist die Bergtüchtigkeit?
Rolf: Die Reichweite hängt von vielen Faktoren ab, z.B. von der Geschwindigkeit, die man erzielen will. Je schneller ich das Gefährt fahren will, um so mehr Energie muß ich einsetzen, denn viel Energie geht verloren zur Überwindung des Luftwiderstandes, und dessen relative Zunahme bei hoher Geschwindigkeit wächst im Quadrat! Je schneller ich fahren möchte, um so extrem viel mehr Energie muß ich investieren. Also ein **Grundsatz** ist: langsamere Geschwindigkeiten vorzuziehen. Das ist natürlich sehr schwer in unserer Zeit, wo uns ständig klar gemacht wird, daß Zeit Geld ist. Aber da betrügen wir uns ständig selber, also ich betrüg mich da auch, indem man einfach ein zu hohes Tempo an den Tag legt und glaubt, man könne damit Zeit gewinnen, was aber tatsächlich meist nicht der Fall ist (lacht).

Ein anderer Faktor ist, welche Höhen ich zu überwinden habe. Wenn ich einen Berg hochfahre, muß ich mehr Energie aufwenden, ich muß ja das ganze Gewicht hochtransportieren. Fahre ich in der Ebene, habe ich nur Reibungswiderstand, Roll-Reibung, und den Luftwiderstand zu überwinden. Fahre ich den Berg hoch, muß ich auch noch kinetische Energie aufwenden. Unsere Mobile haben aber gezeigt, daß es geht. Bei der letzten Weltmeisterschaft hatte die Etappe von Chur nach Arosa auf etwas über 30 km mehr als 1000 m Höhendifferenz; die haben wir zwischen 40 Minuten und 1 Stunde ge-schafft. Und wir konnten die Fahrzeuge noch nicht einmal so richtig ausfahren, weil es 250 enge Kurven auf der Strecke gab. Also, bergtauglich sind die Mobile. Für jede Steigung, die ein Auto schafft. Lediglich die Geschwindigkeit, die ein Auto bringt, ist bis jetzt nicht zu erreichen, höchstens mit einem Solar-Renner, der aber nicht für den Alltagseinsatz gedacht ist.

Zur Reichweite. Wir werden Australien durchqueren, Reichweite über 3000 km, nur mit Solarenergie (lacht). Man kann beliebig weit fahren mit einem Sonnenmobil. Die Frage ist nur, in wie großen Etappen und wie schnell. Und das hängt auch ab von der Sonnenlichteinstrahlung und davon, wie groß der Solargenerator ist.

Nimm aber mal den normalen Einsatz: der durchschnittliche Autofahrer fährt täglich ja nur eine halbe Stunde, die übrige Zeit steht das Fahrzeug. Wenn er in den Urlaub fährt, kann er allerdings 1000 km und mehr an 1 Tag fahren. Das ist mit dem Solarmobil einfach von der Geschwindigkeit her nicht möglich, bis jetzt nochnicht, aber es ist denkbar, 300 km zurückzulegen; sogar 500 km, selbst wenn längere Zeit keine Sonne 'scheint', schlechtes Wetter ist; dann müßte allerdings der Speicher etwas größer sein und man dürfte keine zu langen Etappen machen und nicht zu schnell fahren. Man muß eben Energie sparen. Ein richtiges Solarmobil ist ein Sparmobil. Man fährt mit relativ wenig Energie.

Du hast mich nach dem Einsatz von Muskelkraft gefragt. Der kleinste Motor meiner Mobile hat 800 Watt, das ist das 10fache davon, was wir als Dauerleistung über die Muskeln in das Fahrzeug einbringen können, das zeigt schon das Verhältnis zwischen Motor und Muskelkraft. Ich kann jeden Berg mit dem Motor hochkommen. Die Muskelkraft hat da eine andere Funktion. Ich kann die Reichweite mit ihr vergrößern. Mit den 80 Watt, die ich in der Lage bin reinzutreten (kurzzeitig auch mal mehr, einen kurzen Berg kann ich schon mal mit 300 Watt hochfahren), kann ich den Motor unterstützen, weil ich zusätzlich Energie in das Mobil einbringe und damit die Reichweite vergrößere. Und wenn ich jetzt noch geschickt fahre, nehme ich den Berg relativ schnell per Motor, schalte ihn oben ab und lasse das Mobil runterrollen und trete sogar noch ein bißchen mit, je nach Gefälle. Auf der geraden Strecke in der Ebene fahre ich per Motor bis auf eine bestimmte Geschwindigkeit, die ich möchte, schalte ab und trete und halte so mit relativ wenig Energie das Fahrzeug auf dieser Geschwindigkeit.

Ach ja, ich habe vorhin die Beschleunigungs-Energie vergessen zu nennen. Es gibt die Energie gegen die Rollreibung, gegen den Luftwiderstand, die kinetische Energie und die Beschleunigungsenergie, die 4 Arten. Ich muß Energie einsetzen, um die 4 Widerstände zu überwinden. Auf der Ebene schalte ich den Motor erst wieder zu, wenn die Energie zurückgeht, z.B. bei viel Gegenwind. Wenn ich den Motor laufen lasse, läuft er zwar nur im Leerlauf mit aber zieht doch einigen Strom.

Frage: Was ist mit Nutzfahrzeugen per Solar? Jemand wohnt in Bötzingen, ist eine Bäuerin, kann die ihre Sachen im Nutzfahrzeug zum Markt nach Freiburg transportieren und mittags wieder zurück?

Rolf: Das ist sicherlich möglich. Es ist nur eine Frage der Geschwindigkeit. Natürlich ist sie mit dem Auto plus Anhänger schneller in Freiburg als mit dem Solarmobil. Solarmobile sind bis jetzt – aber es gibt bereits Ausnahmen – Leichtfahrzeuge, die nicht für große Lasten bestimmt sind. Es gibt aber auch z.B. das Erlanger Modell, ein Vespamobil, ein Dreirad, das mit einem Solardach versehen wurde. Der normale Motor ist ausgebaut und ein Elektromotor installiert worden. Mit diesem Fahrzeug kann natürlich auch gut Nutzlast transportiert werden.

Frage: Aber du hast gesagt, sie sind nicht für Lasten gemacht.

Rolf: Nur für kleinere Lasten. Die Fahrzeuge, die ich baue, sind für kleinere Lasten gedacht, also noch keine Lastfahrzeuge. Obwohl man durchaus so ein Fahrzeug umbauen könnte, ob ich jetzt 'nen 4-Sitzer hab oder den zum 2-Sitzer umbaue und statt der 2 Sitze hinten 'ne Ladepritsche mache, – auf die Weise kann ich natürlich 150 oder auch 200 Kilo zuladen.

Frage: Gibt es Vorurteile gegen das Solarmobil der Art: das ist was für Bastler, oder: nichts für ältere Leute; oder anderer Typ: die Rowdys hauen einem tagsüber die Solarzellen kaputt, wenn es unbewacht herumsteht, nachts klauen sie einem die Zellen vom Dach? Oder andere Vorurteile, gegen die man ankämpfen muß, wenn man so etwas entwickelt?

Rolf: Also das erste Vorurteil ist: 'bei uns scheint ja nie die Sonne! Das ist was für südliche Länder!!' Dabei haben die bestbeschienenen Regionen der Erde nur doppelt so viel Sonne wie wir. D.h. wenn ich jetzt in die heißeste Region der Sahara gehe (die ist ja auch nicht überall gleich), habe ich etwa nur doppelt so viel Lichtausbeute wie hier. Und das heißt, daß das Licht gut ausreicht bei uns.

Frage: In Süddeutschland?

Rolf: In Deutschland! Natürlich ist es besser, wenn ich nach Spanien gehe, da habe ich viel mehr Sonnentage, ist klar. Wenn ich nach Afrika gehe, habe ich noch mehr Sonnentage; dort ist es in noch größerem Umfang einsetzbar als bei uns, aber es reicht bei uns auch schon. Das Haupthindernis sehe ich in der Bequemlichkeit der Menschen und in der Hektik, in die wir uns begeben. Dieses Fahrzeug ist natürlich nicht so bequem. Die, die ich baue, sind noch immer teilweise offen. Wenn es sehr starkes Regenwetter ist und noch windig, dann bläst es von der Seite rein, und man kann naß werden. Das ist sicherlich ein Kauf-Hindernis. Das nächste Hindernis ist, daß man im Winter keine Heizung hat. Das Fahrzeug ist offen. Doch ich sage immer: die Heizung ist das Pedal, ich kann mich warmstrampeln, ähnlich wie beim Fahrrad auch; aber dosiert! Der Unterschied vom Fahrrad zum Solarmobil ist, daß ich beim Fahrrad die gesamte Energie über die Muskeln, über die Beine bringen muß. Wenn ich nicht genug Energie hab, um den Berg hochzukommen, bleibt mir nichts anderes übrig als abzusteigen. Beim Solarmobil nicht. Da bringt der Motor so viel Leistung, daß ich jeden Berg hochfahren kann! Aber ich kann, wenn ich will, noch mittreten. Das ist ein freiwilliges Treten, und das ist genau das, was sehr viel Spaß macht. Was das Zerstören und Klauen von Solarzellen betrifft, das ist meiner Meinung nach kein Argument, denn das Auto ist ja auch empfindlich.

Frage: Ist es ein vergleichbarer Schaden?

Ralf: Ich würde sagen: es wäre eigentlich kein vergleichbarer Schaden. Aber in der Praxis ist es einer. Wenn jemand im Autolack 'nen Kratzer hat und läßt ihn rausmachen, sind 1500–2000 Mark weg.

Frage: Mangel an Geschwindigkeit und an Bequemlichkeit sind die Hauptvorurteile?

Rolf: Das sind noch nicht einmal Vorurteile! Das Solarmobil ist nun mal nicht so bequem und so schnell wie ein Auto (lacht)!!

Frage: Wie bewegst du dich, sagen wir, seit 1984, und das ist für dich jetzt sicher peinlich, ich hab dich gehört auf der ersten Weltmeisterschaft, die hier gestartet wurde, und du hast angekündigt, im Interview am Start, du wolltest dein Auto abschaffen?

Rolf: Das hab ich gesagt und steh auch dazu, aber ich hab 's bis heute noch nicht geschafft. Das einzige, was ich nicht gemacht habe, ich hab mir kein neues gekauft, normalerweise hätte ich schon längst wieder ein neues Auto, und da ich eben am Rummachen bin: abschaffen oder nicht, fahr ich im Moment halt noch mit diesem inzwischen wohl 7 Jahre alten Ding herum. Aber wenn du nach '84 fragst, da muß ich sagen, daß ich '84 fast nur mit dem Fahrrad gefahren bin und '85 überwiegend auch. Als ich dann angefangen habe, Solarmobile zu bauen (lacht tief auf), da hab ich plötzlich das Auto gebraucht, bin, was weiß ich, wohin gefahren, um Materialien zusammenzusuchen. Das hätte ich mit dem Fahrrad nicht mehr bewältigen können; diese Strecken und auch die Transporte wären mit dem Fahrrad schwieriger gewesen. Gut, die eine oder andere Besorgung könnte ich natürlich auch mit dem Rad machen, aber – da muß ich sagen – ist wieder so eine Gewohnheit in mir drin. Das Auto steht vor der Tür, und es ist bequem, und da hockt man schnell rein und fährt halt mal los und holt irgendwelche Kleinigkeiten. Ich muß sagen, seit ich Solarmobile baue, bin ich in einer Hektik, die gar nicht so gut ist. Das seh ich. Aber man ... also ich hab mich da ständig in Terminzwänge begeben. Und vielleicht ist es auch ein klein wenig verständlich. Ich habe ein Architekturbüro mit 10 Mitarbeitern. Und darüber hinaus habe ich begonnen, Solarmobile in Kleinserie zu bauen. Diese 'Tour de Sol'-Rennen hab ich mitgemacht. Und jetzt habe ich mir das größte Unternehmen vorgenommen: eine Australiendurchquerung, auch in Form eines Rennens. Und da baue ich seit Anfang Februar an einem Fahrzeug. Ich bin eigentlich rund um die Uhr im Einsatz, um dieses Fahrzeug einmal fertig zu schaffen, um die Finanzen zusammenzubringen und die ganze Organisation zu bewältigen, daß man eben immer das richtige Material zum rechten Zeitpunkt hat. Und da – muß ich sagen – tut mir das Auto auch nützliche Dienste. Also ich müßte, wenn ich jetzt auf das Auto verzichten würde, einen Gang langsamer stellen. Das ist einfach eine Tatsache (seufzt).

Frage: Also hauptsächlich Transport und die Geschwindigkeit? Du brauchst die Zeit, weil du's allein machst, du brauchst die Zeit, um Pionier zu bleiben?
Rolf: Also, als Architekt muß ich relativ wenig transportieren, da habe ich meine Planrolle, die hab ich früher immer in die Satteltasche gesteckt und bin auf die Baustelle gefahren. Kein Problem, die Leute haben höchstens gemeint, daß ich den Führerschein abgenommen gekriegt hab, gut, darüber hab ich gelacht. Aber jetzt, wenn's ans Fahrzeugbauen geht, hab ich manchmal 6 m lange Stangen zu transportieren, oder Kunststofformen. Also, ich will mich jetzt nicht rausreden. Ich weiß, daß ich in einem Zwiespalt bin, aber ich glaub, das sind wir alle. Um so mehr kann ich's eigentlich auch nachsehen und bin selber nicht so verbissen oder nicht wütend, sagen wir mal so, nicht wütend auf andere Autofahrer. Ich kann die Autofahrer verstehen, und trotzdem bin ich der Meinung, daß wir versuchen müssen, vom Auto wegzukommen.
Frage: Aber da liegt ja eine Frage nahe. Jetzt will ich mal gar nicht psychologisch darauf abheben, ich sag nur kurz: 'die Praxis macht den Menschen'; wenn also jemand selbst Auto fährt, dann ist es ja klar, daß er nicht wirklich wütend sein kann. Das sind die Grenzen, das ist in jeder anderen Sache auch so; nur: Warum nimmst du denn dann, das finde ich jetzt eine sehr wichtige Frage – ich sehe ja hier das Auto mit dem Transportdings da oben – warum nimmst du denn dafür nicht ein Solarmobil? Ist das nicht möglich? Einfach: inwieweit kannst du dich vergleichen mit Leuten, die Nutzfahrzeuge auch benutzen, oder wann könntest Du sagen: jetzt nehme ich das Solarmobil? Ganz praktisch?
Rolf: (seufzt) Fffttt... schwierige Frage. Im Moment. (Lacht). Weil ich einfach in Zeitdruck bin. Es kommt eben so viel zusammen, daß ich dermaßen in Hektik lebe. So hab ich halt das Fahrzeug. Es kommt noch dazu, daß das Büro woanders ist als die Werkstatt[1]. Man kann schneller hinundherfahren mit dem Auto, kann irgendwas einkaufen, es drinliegen lassen, kann's abschließen. Das ist mit dem Solarmobil jetzt noch nicht möglich. Aber das kann man natürlich bald alles machen. Die Solarmobile sind in der Entwicklung. Ich würde nie behaupten, daß diese Fahrzeuge, die ich baue, ausgereift sind.
Frage: Sind die Solar-Renner sinnvoll für die Nutzfahrzeugentwicklung?
Rolf: Die erste 'Tour de Sol', 1985, startete weniger für die Entwicklung des Solar-Mobils, sondern war die Demonstration: 'Wir fahren mit der Sonne! Schaut mal, die Sonne bringt eine Menge Energie!!' Das war das Ziel. Wir waren sogar selbst noch überrascht, was das Solarmobil alles leisten kann. Normalerweise würde ich Ren-

---

[1] Beide sind inzwischen auf einem Gelände

nen gar nicht fahren, aber ich hab gesehen, daß das die beste Demonstration ist, aber wirklich nur eine Demonstration. Ich würde sonst nie auf die Idee kommen, 2 Motoren einzubauen. Mit 4 Kilowatt bin ich manchmal gefahren im Rennen ... Jetzt muß ich das Fahrzeug für Australien fertig machen. Ich muß es erproben. Ich muß sehr viel mit dem Solarmobil fahren, aber eben mit einem Rennfahrzeug. Das ist auch was, was ich mir früher nicht vorstellen konnte. Ich hab ja bis jetzt immer nur Nutzfahrzeuge gebaut, spricht Fahrzeuge, die im Alltagseinsatz bestehen können, und mit diesen Fahrzeugen bin ich auf der 'Tour de Sol' die Rennen gefahren, in der Kategorie 'Serienmobile-Prototypen'. Nun kann man da eine Entwicklung feststellen: die Solarmobile werden immer schneller, eben für diesen Renneinsatz, so daß eigentlich gar kein großer Unterschied mehr ist zwischen den Serien-Solarmobil-Prototypen und den reinen Rennfahrzeugen.

Frage: Es gibt wirklich diesen **persönlichen** Zugang zu den Dingen: wo ist das Unbehagen persönlich bei dir, wo du Solarmobile herstellst und trotzdem Wege fährst, wo du sagst, jetzt könnte ich eigentlich ein Solarmobil nehmen oder wieder ein Rad, ein schönes Rad. Warum dann das Auto? Wie ist dir denn dabei? Ich versuche, an Dich heranzukommen, weil das der Sinn des Buches ist.

Rolf: Jetzt muß ich mal was zu meiner Ehrenrettung sagen: natürlich benutze ich nicht immer das Auto. Wenn's irgendwo geht, fahre ich mit dem Fahrrad. Mit meinen Sesselfahrrädern, die viel bequemer, schneller und schöner zu fahren sind. Und, weißt Du, das Entwickeln und Bauen macht mir unheimlich viel Spaß. Daß man da vorne mitfährt[1], ich glaube, daß sind Abenteuer, die ich sonst im Leben vermisse, also für mich sind es die heutigen Abenteuer. Sie bereiten mir (lacht auf) Lust!!

Frage: Wieviele Solarmobile laufen schon bei uns oder in der Schweiz oder sonstwo?

Rolf: Also ich schätze jetzt einfach mal. Ich würde sagen: auf der ganzen Welt laufen momentan 150 Solarmobile, allerdings nicht im Dauereinsatz. Im Dauereinsatz vielleicht, wenn's hochkommt, 50.

Frage: Die Leute, die jetzt schon im Dauereinsatz fahren, was sind das für Menschen? Wie kommen die dazu?

Rolf: Ich würde sagen: es sind durchweg umweltbewußte Menschen; aber auch Leute, die einfach die Nase vom Auto vollhaben. Es sind auch sehr viele Frauen, die den Vorzug in einer sanfteren Technik sehen und in weniger 'Krafffft'.

Frage: Wie beim Fahrrad. Es wird gesagt, daß es vor allem von den Frauen wiedereingeführt sei. Jedenfalls sieht man sie sehr viel per Rad auf der Straße. Fällt dir noch irgendjemand ein von den um-

---

[1] (in allen Etappen bis auf eine, wo er als zweiter eintraf, so weit vorne, daß er jetzt Weltmeister ist)

weltbewußten Fahrern, ganz konkret, in welcher Stadt? In Freiburg hab ich noch niemand gesehen.

Rolf: Wir haben hier grad einen in der Werkstatt zu Besuch. Vielleicht wollen wir den mal fragen ...

Rolf holt jemand in die Sonne. Nach seinen ersten Worten: "Das Solarmobil, das ich fahre, habe ich gewonnen als 1. Preis in einem Preisausschreiben, ich war total überrascht ..." weiß ich, den werde ich um einen Beitrag bitten. Denn er verkörpert unser Verhältnis zu dieser Neuheit ...

Disch-Solarmobil
mit Hansjörg Hummel

Hansjörg Hummel (Kirchzarten)
Automobil oder Solarmobil?

I

Ich war plötzlich Solarmobilist. Ein Telefonat vom Chefredakteur der Zeitschrift 'Chancen', ein Empfang in der Solarmobil-Werkstatt in Freiburg, zu dem ich mit gemischten Gefühlen erschien, der Photograph, der Konstrukteur, – das waren alles Realitäten! Unglaublich!

Um Besitzer eines Solarmobils zu werden, gibt es verschiedene Methoden:
1. man kauft es
2. man baut es selbst
3. man gewinnt es

Kaufen? – Ich habe 8 Kinder und keine Rücklagen! Bauen?- Know how"? Ich hatte mich für den letzten Weg entschieden und es gewonnen.

Ich weiß noch, daß es ein herzlicher Empfang war, daß viel über alternative Energie, alternative Personenbeförderung gesprochen wurde. Aber wie das alles technisch realisieren? Das interessierte mich sofort am meisten. Ich bin Ausbilder in Elektronik an einem Berufsbildungszentrum. Ich muß selbst täglich irgendwie von Kirchzarten[1] nach Freiburg zur Arbeit fahren.

An sofortige Lieferung des Mobils war nicht zu denken gewesen. Dieses und jenes Einzelteil fehlte oder war nicht sofort beschaffbar. Außerdem hatte ich ein Zweisitzer-Modell gewonnen; ich nutzte die langen Lieferzeiten der Werkstatt, half selbst mit und legte für ein Vierrad-Viersitzer-Modell zu. Das tröstete mich darüber hinweg, daß ich nicht gleich 1987 an der 'Tour de Sol' teilnehmen konnte. Was habe ich nicht alles über die Solarmobile und ihre junge Geschichte an den Abenden und Samstagen in der Werkstatt mitgekriegt! Und diese Atmosphäre! So mag es damals bei Rudolf Diesel und Carl Benz zugegangen sein; wie bei Tüftlers und Erfinders! Ich begann jetzt selbst, über Wie und Was anderer Arten von 'Personenförderung' nachzugrübeln.

Ein Schlüsselerlebnis hatte ich auf der Heimfahrt nach so einem Bastler-Abend. Ein seltenes Gefährt, nämlich eine Pferde-Kutsche, zwang mich und andere Autofahrer zu langsamer Fahrt. An Überholen über lange Minuten nicht zu denken aber ans Denken: 'Geschwindigkeit'! 'Zeit'! 'Termine'! 'Daten'! 'Hektik'! ... und was mir nicht noch unversehens durch den Kopf schoß: 'Wessen Sklave bin ich eigentlich'?

Darauf habe ich bis heute noch keine gültige Antwort. Zu komplex ist doch die Sache und mit wieviel Kompromissen behaftet! Ich kann dem Auto als individuellem Verkehrsmittel nicht einfach eine

---

[1] an Maria Hugs Haus am Landsträßli vorbei (Hg.)

Abfuhr erteilen. Ich benutze es, und werde es wahrscheinlich auch weiterhin tun. Nur die Einsatzzeiten haben sich geändert. Da, wo ich früher mit dem Auto zum Kaufmann um die Ecke fuhr, gehe ich jetzt zu Fuß, nehme das Fahrrad oder das Solarmobil. Also, die Zeit im, mit und um's Auto hat sich drastisch verringert.

Henner hat mich gefragt, warum ich nicht mit der 'Höllental-Bahn' von Kirchzarten nach Freiburg fahre? Viele Jahre habe ich sie täglich benutzt, auch als ich schon ein Auto hatte. War ich damals geiziger? Nein. die Fixkosten waren genau so hoch wie heute. Was mich hindert, sind die 'taktlosen' Abfahrtzeiten der Bundesbahn. War es früher, als ich noch keine solchen familiären und beruflichen Verpflichtungen hatte, anders? Ist das soziale Engagement, das mit meinem Beruf verbunden ist, ist das preisbewußte Einkaufen für die Familie mit den löcherigen Fahrplänen der Eisenbahn überhaupt zu vereinbaren? Ich jedenfalls habe noch keinen Weg gefunden, allem zugleich zu genügen.

II

Inzwischen steht das Solarmobil bei uns zu Hause und erfreut die ganze Familie. Meine Erfahrungen damit bisher, nach nicht ganz 300 gefahrenen Kilometern?

Bisher ist es nur bei meinem Vorsatz geblieben, das Solarmobil für den täglichen Weg zur Arbeit zu nehmen. Einiges, z.B. die Elektronik, steckt so in den Kinderschuhen, daß es noch nicht klappt mit einem störungsfreien, kontinuierlichen Dauerbetrieb. Aber wenn ich- bald! - die gröbsten Mängel behoben haben werde, fahre ich sommers mit dem Mobil nach Freiburg, und winters, wenn wegen der Straßen auch viele Fahrräder stehen bleiben, mit der Eisenbahn. Die hat jetzt Halbstunden-Takt angekündigt. Solarmobile, jedenfalls so eines, wie ich es habe, sind grundsätzlich nicht mit einem Auto zu vergleichen. Sie sind auf der Basis eines Fahrrades gebaut, und es sind individuelle, ja eigenwillige Fahrzeuge. Sie sind auch wie ein Fahrrad zu bedienen; nur die Kalkulation der eigenen Kraftreserven wird durch den zusätzlichen Elektromotor anders, großzügiger. Und alle, die mitfahren, treten mit, wenn sie wollen. Ob in der Ebene oder talwärts, immer habe ich das Gefühl, wie ein Vogel zu fliegen. Einer mit flatternden Hosenbeinen.

Ich denke an eine Fahrt, als uns Regen überraschte. Ich war links, von der Schulter bis zur Sohle, naaaß und mein Beifahrer dasselbe rechts. Meine Frau und Kinder lachten uns aus, als sie uns ankommen sahen. Ein anderes Mal war es ein technischer Fehler an der Regelelektronik, der mir an einem herrlichen Ausflugs-Samstag eine Fahrpause einbrachte. Fix versammelten sich an die 10 Leute um das Solarmobil und durchlöcherten mich mit Fragen. Und für Spott des Defekts wegen brauchte ich auch nicht zu sorgen. Aber ich hatte ein gutes Argument dagegen im Reserve-Tank: Tja, wenn Technik nicht geht, na, dann fährt man halt mit Muskelkraft weiter!

Und weg waren wir. (300 Meter weiter, doch schon sicher hinter einer Ecke verschwunden, war es meinen Kindern und mir aber bereits zu schwer, denn ich hatte noch keine Gangschaltung eingebaut. Provisorisch schloß ich den Motor direkt an, und so konnten wir ohne große Mühe die Fahrt fortsetzen). Der Konstrukteur hatte gleich zu mir gesagt: Wenn Sie mit dem Gefährt unterwegs sind, dann fallen Sie auf wie jemand in einem Solarmobil! Ich kann es bestätigen. Jedes Aufkreuzen, jeder Halt zieht sofort Blicke und Fragen aus allen Altersgruppen auf mich. Das erinnert mich an meine Jugendzeit auf dem Land, wenn ein oder zweimal pro Woche ein Auto auftauchte und wir Kinder es bestaunten, anfassen wollten. Einmal hielt sogar ein ganzer Reisebus meinetwegen. Die Leute sprangen raus, umringten und forderten mich zur 'Anschauungsfahrt' auf. Ich stelle fest, daß ich mit Leuten ins Gespräch komme, mit denen ich sonst kein Wort wechsele. War daran der geschlossene Käfig des Autos schuld?

Aber wann kann ich endlich mal mit meiner Frau ungestört in der Natur oder sonstwo herumfahren? Mit dem Ding nicht!

Das Moulton

Karin Forkel-Muskalla (Heidelberg)
Die Ballade vom Fahrrad-Kurier-Dienst

Wir leben in einem Jammertal, in einer gar grausigen und düsteren Zeit. Doch kommt das Übel nicht als Strafe des Herrn – nein, es kommt aus der Menschen eigener Verblendung. Wohl jeder ehrbare Bürgersmann und auch jede ehrbare Bürgerin besitzt ein Gerät, ein Gefährt, um schnell von einem Orte zum anderen zu gelangen. Doch sind diese Geräte schädlich, denn sie blasen Gifte in die Luft, die nicht nur den großmächtigen Bäumen Siechtum und Tod bringen – auch unseren Körpern tut's nicht gut, und ich bezweifle, daß es unserem Seelenheile zuträglich ist. Auch findet so mancher durch den Zusammenprall zweier Gefährte oder ähnlicher Mißgeschicke einen grausigen Tod – doch wird dies in Kauf genommen, als opfere man einem Götzen. Selbst unschuldige Kindlein werden nicht verschonet.

Und doch gibt es auch ein Gerät anderer Art. Es hat nur zwei Räder (wird deshalb auch Zweirad oder Fahrrad genannt) und fällt dennoch nicht um, wenn es von geschickten und kunstreichen Leuten gefahren wird. Angetrieben wird's durch Muskelkraft, ohne üble Dämpfe, auch kommt gar selten jemand dadurch zu Tode.

Nun höret, was sich in der alten und ehrwürdigen Stadt Heidelberg Anno Domini 1986 begeben und zugetragen hat: Wenn ein Krämer dem Schmied oder Bader etwas bringen lassen will – und sei es auch gering an Größe und Gewicht – so läßt er eins der schädlichen – und zudem auch lauten! – Gefährte benutzen. Ist dies nicht ein Unfug? Ist es nicht nützlicher, vernünftiger und verständlicher, ein Fahrrad zu nehmen? So geschieht es schon im fernen München, das liegt da im Bayernlande.

Auch nach Heidelberg drang diese Kunde, und so fanden sich einige Jungfern und Jünglinge und Männer und Weiber zusammen, um zu überlegen und zu beratschlagen, wie ein solches Geschäft wohl zu planen und zu unternehmen sei. Man rief auch die Münchener zu Hilfe, die so manch guten Rat und hilfreiche Unterstützung gaben. Wohl ein ganzes Jahr lang traf man sich immer wieder mit heißem Bemühn, und hatte wohl auch mitunter dabei allerlei Kurzweil miteinander. Oft wurde die Obrigkeit befragt, denn es gab Gesetze und Verordnungen, groß an der Zahl und gar mannigfaltiger Art, die zu befolgen nötig war, so man nicht im finstren Kerker verschmachten wollte.

Und doch – zu schlechter Letzt fehlten die Dukaten, die nötig sind für ein Gelingen. Auch waren keine Adligen unter den Planer/-innen – nur Scholastiker, Handwerksgesellen und Bettelvolk. Aber dieses Beispiel soll nicht entmutigen, sondern anregen zu neuen Versuchen. In anderen Städten geht's ja auch. Macht Ihr es besser, so Ihr könnt!

Jens Westermann (Großhansdorf)
Der offene Zweisitzer

Man hatte den Fußweg zum Bahnhof zu einer Straße ausgebaut. Auch war das Postamt in einen Neubau in der Stadtmitte verlegt worden und mit ihm auch der sonst so nahe Briefkasten. Die kleinen Spaziergänge zur Bahn und zur Post waren damit unzumutbar geworden. Ein fahrbarer Untersatz mußte her, das war klar.

Sollte es nun ein fabrikneuer sein oder ein gebrauchter? Jeden Tag standen entsprechende Angebote in der Zeitung.

Dann fanden wir ein interessantes Inserat. Ein Händler hatte angezeigt und würde uns auch gleich die Wartung machen. Die Verhandlungen zogen sich in die Länge.

Immer wieder pries der Mann uns das gute Aussehen, die vom Fahrersitz aus zu bedienenden Rückspiegel, die angebaute Anhängerkupplung, Halogenscheinwerfer, das 5-Gang Getriebe, die leichtgängige Lenkung, den sehr kleinen Wendekreis, der uns auch in engen Gassen keine Parkschwierigkeiten bereiten würde. Die Reifen waren noch gut. Der Kilometerstand lag bei 20.000, was wir allerdings recht hoch fanden. Auf jeden Fall war das Fahrzeug vom Vorbesitzer gepflegt worden, das sah man, konnte aber auch eine Falle sein. Vielleicht wollte er damit eventuell verdeckte Mängel verbergen. Man mußte mißtrauisch sein.

Wir waren es und baten um Bedenkzeit. Abends fanden wir ein Preisausschreiben einer Möbelfirma in der Zeitungsbeilage, bei der es genau ein solches Fahrzeug zu gewinnen gab, falls man gewinnen würde. Das war ungewiß. Wir machten das Preisausschreiben. Es kostete nichts, war unverbindlich. Nur, damit hatten wir unser Problem nicht gelöst. Die Zeit drängte.

Wieder waren wir beim Händler, Wollen Sie nicht mal eine Probefahrt machen, bot er uns an? Wir machten. Noch niemals zuvor hatten wir so einen Zweisitzer gefahren. Sehr sportlich. Luftgekühlt. Die Sitze traumhaft gepolstert. Weich in den Kurven. Exakte Bremsen. Man mochte gar nicht mehr anhalten, so schön war es, zu zweit durch die Welt zu kurven.

Wir entschlossen uns zum Kauf. Am nächsten Tag schon sollten wir ihn abholen. Ich schlief schlecht die Nacht vor lauter Aufregung. Stand früher auf als sonst, war hellwach. Wir sollten das neue Fahrzeug abholen! Was würden die Nachbarn sagen? Irre, einfach irre!

Dann fuhren wir durch unsere Straße, bis vor unsere Tür. Die Nachbarn schauten neugierig aus dem Fenster - wenigstens hatte sich die Gardine auffällig bewegt. Na also!

Da öffnete sich auch unsere Haustür. Die Kinder kamen herausgerannt. Staunten vor Aufregung. Riefen und redeten alle durcheinander:

"Mensch irre, klasse, Vati und Mutti haben sich ein Tandem gekauft!"

Peter Mickenbecker (Darmstadt)
Human Powered Vehicle - menschlich angetriebene Fahrzeuge

Am allerliebsten tanze ich. Musik in Bewegung umzusetzen und sich dabei quasi als Nebeneffekt fortzubewegen - das war mir bisher nur auf Rollschuhen möglich. Da dabei im allgemeinen auch das Zuschauen Spaß macht und ich mich des "Fahrzeuges" mit dem geringsten Materialeinsatz bediene, ist das Verhältnis zu meiner Umgebung optimal. Heute ist es selbstverständlich, daß Entfernungen auf schnellstem Wege "überwunden" werden müssen. Selbst ich kann mir nur schwer eine Kultur vorstellen, die Entfernungen 'erleben' will.

Suchst Du ernsthaft nach Alternativen zum Auto, so wirst Du Dich mit einem unzureichenden und unübersichtlichen Angebot konfrontiert sehen. Unzureichend für völligen Autoverzicht ist besonders das herkömmliche Angebot. Unübersichtlich ist vor allem das "alternative" Angebot. Hersteller sind oft "Ein-Mann-Betriebe", Serien klein, kaum Vermarktung. Aber hier gibt es augenblicklich die meisten Hersteller, die nicht nur zur Lösung ihrer Geldsorgen produzieren. Bei ihnen wird meist weniger über Verbilligung als über Verbesserung nachgedacht.

Das Auto ist ein technisches Gerät, das wir benutzen können, um einige unserer Bedürfnisse zu befriedigen. Willst Du darauf verzichten, so wirst Du meist technisches Gerät brauchen, dessen einmalige Anschaffung teurer sein kann als die eines "Restautos".

Das Auto ist im Unterhalt teurer, Gemeinkosten, eigener Zeitaufwand etc. werden normalerweise nicht bedacht. (Wer "zahlt" für die von Abgasen zerfressenen Baudenkmäler, Wälder, Lungenkrebstoten ...?).

Fahrradtechnik ist oft weit zurück in der Entwicklung und verhältnismäßig teurer als Autotechnik. Das liegt daran, daß sich seit der Jahrhundertwende ein Großteil der technischen Intelligenz mit Autos beschäftigt hat. Und daran, daß die Nutzer immens viel für das "Sich-Fortbewegen-Lassen" ausgegeben haben. Denn jeder ausgegebene Pfennig ist eine direkt eigennützige Spende in die eine oder andere Richtung.

Vor allem der Alltagsradler selbst kann deshalb am unbefriedigenden Angebot etwas ändern:

- Durch anspruchsvolle Suche nach Problemlösungen;
- Durch Kauf hochwertiger Produkte, auch wenn diese noch relativ teuer sind. Die Preise sinken mit der Stückzahl (wie bei den Taschenrechnern);
- Durch Weitergabe von Erfahrungen und durch Verbesserungsvorschläge (Leserbriefe, Gespräche mit Händler/Hersteller, Bekannten)

1. Das Traditionelle Rad und seine Verbesserung

Henner, Du schlägst vor, das "traditionelle Rad" vom "Leichtlaufrad" zu trennen. Das kann ich nicht. Meiner Meinung nach ist das Leichtlaufrad als Begriff von einer Industrie erfunden worden, die sich über zu lange Zeit vor allem mit dem Verbilligen ihrer Produkte beschäftigt hat. Dementsprechend sank ihr Produkt-Image und ihr eigenes dazu. Als der Irrweg des "Billig-Schrotts" für viele unübersehbar wurde, mußte ein neuer Begriff her, um dieser Entwicklung entgegenzuwirken und wieder bessere und teurere (= pro Stück profitablere) Räder zu verkaufen. Leichtlaufende Räder gab es schon vor mehr als 50 Jahren, ihre Benutzung ist heute noch ein Genuß. Ich habe einmal auf einer Gruppenreise erlebt, wie jemand auf einem unscheinbaren Uralt-Hirsch ohne Schaltung einfach mit geducktem Oberkörper und angelegten Ohren allen 12-Gang-Geschoss-Fahrern uneinholbar davonrollte. (Das soll jetzt nix gegen 12-Gang-Schaltungen sein, bergauf mußte er ganz schön wuchten).
Technisch begünstigte Fortbewegung aus eigener Kraft scheint mir Lebensfreude und Vorwärtskommen am weisesten zu verbinden.
Im Stadtbereich mit bis zu 50 % Parkplatzsuchverkehr, regelmäßigen Staus zur rush-hour und ungenügenden öffentlichen Verkehrsmitteln ist das traditionelle Rad dem Auto im allgemeinen in der Fahrzeit überlegen und anderen Verkehrsmitteln etwa gleichgestellt. Kurzzeitig hohe Autogeschwindigkeiten bewirken hier vor allem mehr Verkehrsopfer. PS-Boliden werden bei sich mehrenden Tempo 30-Zonen immer lächerlicher. Warum fahren wohl Eilboten, z.B. in New York, Rad und Rollschuh statt Volkspanzer? Wenn alle aufrüsten, kommt keiner damit durch. Aber das herkömmliche Fahrrad konnte sich nicht gegen das Auto behaupten. Abgesehen von allen schlimmen anderen Gründen , - welche Nachteile wies denn das traditionelle Rad auf?
Es ist zu wetterabhängig; gegenwindempfindlich; zu langsam (auf längeren Strecken); zu mühsam (an Bergen), zu schwerfällig (im Stadtbereich dem stop-and-go auf engem Raum nicht angepaßt); zu unbequem (auf Kurzstrecken belasten Fahrbahnstöße, auf Langstrecken harte Sättel, schmale Hochdruckreifen und gebückte Haltung, aufrecht sitzend wird man noch langsamer); seine Gepäckbeförderung ist eingeschränkt; praktisch nur die Beine können auf ihm bewegt werden; man lebt gefährlich damit; und dann kann es einem noch leicht geklaut werden. Noch was? Was tun?

1.1 Berge? Mit Untersetzungen sich über sie hinwegsetzen!

Man muß gesehen haben, mit welcher Leichtigkeit jemand allein mit einer Seilwinde einen LKW wegziehen kann. Dann leuchtet einem ein, daß mit geeigneter Übersetzung oder Untersetzung (sie ist kleiner, auch deutlicher kleiner als 1:1) - was ist eine Seilwinde anderes - jeder, **jeder** Berg ohne Mühe und im Sitzen zu nehmen ist.

Mittlerweile gibt es Über- und Untersetzungen in einer Auswahl, die keine Wünsche offen läßt. Jedenfalls, was die (schmutz)-anfälligeren Kettenschaltungen betrifft. Es ist heute schon selbstverständlich, daß sich die Gänge im Stand verwechslungsfrei vorwählen und unter Last schalten lassen. Nabenschaltungen gibt es nur bis zu 5 Gängen. Die 5-Gang-Nabe ist zwar etwas diffiziler als übliche 3-Gang-Naben, aber vor allem in hügeligem Gelände eine echte Erleichterung. Nabenschaltungen sind problemloser zu warten als Kettenschaltungen und ermöglichen wartungsfreien Riementrieb oder voll gekapselte und schmutzgeschützte Kette.

Wem auch damit noch nicht geholfen ist, der kann sich von einem Hilfsmotor ziehen lassen. Es gibt mittlerweile mehrere elektrische und andere Hilfsantriebe, die das Rad nicht wesentlich schwerer und jeden Berg zur Ebene machen. Diese Hilfsmotore lassen sich zum Teil an gewöhnlichen Fahrrädern nachträglich montieren. Zum Teil werden sie nur mit komplett darauf abgestimmten Fahrzeugen angeboten. Typisch für nachträglich zu montierende Hilfsantriebe ist, daß mensch an steilen Bergen nicht ganz arbeitslos wird, aber zügig und ohne Schweißausbrüche darüber hinwegkommt. Rein elektrobetriebene Fahrzeuge (inclusiv solargespeisten) gibt es heute in reicher Auswahl. Sie sind vor allem für Gütertransporte, Behinderten- und Mehrpersonenfahrzeuge oder für Langstrecken interessant.

Wer ohne Hilfsmotor einen steilen Berg hinauffährt, kann durch die geringe Geschwindigkeit unsicher werden und schwanken. Eine ungenügende Gangschaltung verstärkt diesen Nachteil noch, da man schneller ermüdet und evtl. sogar aus dem Sattel gehen muß, um überhaupt noch vorwärts zu kommen.

Meist wird auch im falschen Gang gefahren, nämlich zu langsam und zu schwer getreten, obwohl die Schaltung schnelleres Treten zuließe. Langsames, schweres Treten ist verlustreicher, belastet unnötig und nutzt Körper und Rad auf Dauer mehr ab.

Auch ein Sattel, der zu tief steht, mindert die Leistungsfähigkeit stärker, als man sich vorstellt; schon eine leicht (um 2 cm) falsche Höhe kann heftige Knieschmerzen verursachen. Auch nur einmal unterkühlte Knie können jahrelange Beschwerden bewirken.

Aber auch der Einfluß zu warmer Kleidung wird meist unterschätzt. Leistungsbereitschaft und Spaß nehmen bei mangelnder Kühlung rapide ab. Und gerade am Berg fehlt ja der Fahrtwind.

Auch schwere oder im Rahmen weiche Fahrräder (z.B. Klappräder üblicher Art) und zu enge oder falsch eingestellte Lenker können einem den Spaß verderben.

Bleibt das Gleichgewicht trotz alledem ein Problem, so hilft vielleicht ein Dreirad oder ein Umbausatz dazu. Damit kann man beliebig langsam fahren. Auch wer gerne ein Liege- oder Sesselrad oder eine große Verkleidung hätte, aber seinem Gleichgewichtssinn nicht traut, der kann sich mit 3-Rädern helfen.

1.2 "Schlecht Wetter"

Die meist vorhandene Regenjacke kann durch eine Regenhose und Gamaschen ergänzt werden. Am bequemsten an- und auszuziehen sind Regenhosen, die sich durch Reißverschlüsse an den Außenseiten der Beine öffnen lassen. Man sollte auf helle Farben/Reflexmaterial achten und darauf, daß das Material auch Gewebe enthält. Reine Folien reißen zu leicht. Ideal ist ...-Tex oder ähnliches. Dieses läßt zwar keinen Regen ein, aber Schweiß raus. So muß man sich weder im eignen Saft noch im sauren Regen. Selbstnähen: ca. 85 Dm Gesamt-Material für eine Hose. (In Textilgeschäften ist ... -Tex vom Meter erhältlich.)

Der beste und angenehmste Kopfschutz gegen schlechtes Wetter war für mich immer ein guter Fahrradhelm mit Schirm als "Vordach". Der Schirm hält das Ärgste vom Gesicht ab, auch Flugsand, Fliegen und ähnliches. Es läuft nichts in die Jacke, weil der Helm überkragt, und wenn man zur Seite schaut, hat man keine Kapuze vor der Nase. Spötter im relativ sicheren und warmen Auto beeindrucken mich nicht. Deswegen scheue ich bei absolutem Sauwetter auch nicht vor einer Skibrille zurück. Sie gibt ein wunderbares Gefühl von Geborgenheit, wenn man ohne sie kaum mehr aus den Augen gucken kann. Arm dran ist, wer meint, blinzelnd und tastend zweiradfahren zu müssen, weil er Angst vor Lachern spürt.

Auch die nächste große Kleinigkeit wird hierzulande oft aus Furcht vor Spott nicht zur Steigerung eigenen Wohlbefindens eingesetzt: Der "ZZipper". Ich verwende ihn lieber als eine Regenhose. Diese leichte Klarsichtverkleidung läßt sich einfach an Renn- oder Hörnchenlenkern befestigen. Eigentlich wurde sie für geringeren Luftwiderstand entwickelt. Deswegen ist sie noch nicht ganz ausreichend als Wetterschutz. Befestigt man eine etwa handbreite steife Folie an der Unterkante des ZZippers, z.B. mit Blindnieten – schon hat man trockene, warme Hände und meist trockene Hosen bis in Gamaschenhöhe. In Verbindung mit handelsüblichen Regenponchos ergeben ZZipper ausgezeichnete Alternativen zu teuren ...-Tex-Anzügen. Denn auch in ...-Tex schwitzt man. Der Schweiß kann nicht so flott und so intensiv verdunsten und kühlen wie unter einem Poncho. Der große Nachteil eines Ponchos ist normalerweise der große, energieverzehrende Windfang vor dem Bauch mit der Pfütze darin. Eine Verkleidung verhindert diesen!

Radikaler kann man dem schlechten Weter mit der Vollverkleidung begegnen, die Wilfried Aichhorn für normale Fahrräder entwickelt hat. Man kann sie nachträglich montieren (lassen) und dann völlig auf Regenkleidung verzichten. Der Luftwiderstand wird trotz ihrer Größe geringer, die Sichtbarkeit stark verbessert. Verkleidungen lassen sich in verschiedensten Formen selbst herstellen. Professionelle, völlig glasklare Ausführungen sehen zwar wunderbar und leicht aus. In aerodynamischer Hinsicht und was Wetterschutzfunktion, Gewicht und Handhabung anbelangt, können Eigenbauten aber konkurrieren. Glasklare Verkleidungen sind sogar unpraktischer. Sie können bei Nacht durch Reflexe irritieren und sehen schnell schlecht und verkratzt aus. Außerdem bietet helles oder Reflex-Material Sicherheit durch Sichtbarkeit.

1.3 Bequemlichkeit:

Ganz allgemein kann man sagen, daß sich die genauere Betrachtung der traditionellen Radfahrerbekleidung lohnt, besonders aber bei Sitzbeschwerden, noch besser – davor ...! Auch ich habe mich lange gescheut, so eine eng anliegende "Profi" – Hose mit Leder- oder Synthetik-Einsatz (pflegeleichter) zu tragen. Zu Unrecht! Auf Langstrecken ersparen einem diese Hosen viele Unannehmlichkeiten. Mensch trägt zwischen ihnen und der Haut nur Hirschhorntalg, Vaseline oder, hygienischer, hauchdünne abgeschnittene Strumpfhosen. Sie sind inzwischen auch in zivilen Ausführungen zu haben, denen man die Tourentauglichkeit nicht ansieht.

Das Pedersen-Fahrrad bietet mit seinem "Hängematten-Sattel" einzigartige Vorzüge. Der Sattel macht die Hüftbewegungen mit. Dadurch scheuert's weniger und Menschen mit empfindlichem Kreuz können hier vielleicht die Lösung ihrer Probleme finden.

Noch radikaler kann man Sitz-Probleme mit Liege- oder Sesselrädern angehen. Nichts reibt mehr, und die große Sitzfläche verhindert Druckstellen. Spezielle und oft doch nicht funktionierende Frauensättel entfallen. Durch langdauerndes Aufstützen und Vibrationen taube Hände oder verbogene Hälse und Wirbelsäulen wegen geduckter Haltung gibt es nicht mehr. Die zurückgelehnte, entspannte Körperhaltung bedingt aufrechte, natürliche Kopfhaltung ohne Verrenkung. Allerdings ist das Umschauen nach hinten nicht so leicht wie beim 'Traditionellen Rad', und im übrigen spreche ich darüber erst im letzten Teil, den "Sonderkonstruktionen und Neuentwicklungen".

1.4 Sicherheit:

Radler haben keine Knautschzone oder Schutzhülle (außer wenn sie Wincheetah, Vector oder ähnliche Neuentwicklungen fahren). Deswegen sind die Verletzungen von Radfahrern bei Unfällen in der Stadt meist schlimmer als die von Autofahrern. Die häufigsten folgenschweren Verletzungen sind Kopfverletzungen, u.a. weil der Kopf aus größter Höhe aufs Pflaster schlägt. Vor allem in USA sind deswegen spezielle Fahrradhelme weit verbreitet und reizen niemandem mehr zum Lachen (nicht zu verwechseln mit den hierzulande noch verwendeten "Sturzringen"). Die Zahl schwerwiegender Kopfverletzungen konnte durch die Verbreitung der Helme erheblich verringert werden.

Auch die Hände werden bei Unfällen häufig in Mitleidenschaft gezogen, zumeist aufgeschürft. Das können spezielle Radhandschuhe verhindern. Sie werden auf Touren auch gerne verwendet, um Lenkervibrationen zu dämpfen.

Naheliegender als die Linderung der Unfallfolgen ist die Verhinderung der Unfälle. Eine Hauptursache für Zweiradunfälle ist das Übersehenwerden. Aktive Sicherheit: Es gibt inzwischen verschiedene Dynamos, die kaum wahrnehmbar und bei jedem Wetter laufen. Halogenscheinwerfer sind etwa doppelt so hell wie normale, Akkulichtanlagen ergänzen oder ersetzen den Dynamo bei langsamer Fahrt oder im Stillstand. So bleibt das Licht immer gleich hell. Passive Sicherheit: Es gibt heute Fahrradrahmen mit nachleuchtendem und Reflex-Lack, diverse Reflexfolien zum Aufkleben und große Reflektoren zur nachträglichen Montage am Gepäckträger. Auch Reifen, Taschen und Radfahrerkleidung sind mit Reflex-Partien im Handel. In Großbritannien und USA verbreitet und sehr effektiv sind Reflex-Westen,- Schärpen oder -Gürtel, die auf normaler Kleidung getragen werden.

1.5 Kinder

Hier gibt es besonders viele individuelle Probleme. Kinder in Anhängern mitzunehmen, ist in Deutschland meines Wissens leider noch verboten. Wahrscheinlich wegen der Gefahr des Umkippens des Hängers. Aber inzwischen gibt es z.B. den Donkey, der extra gegen Umkippen gesichert ist. Ich habe auch noch nie davon erfahren, daß durch Kinder im Anhänger Schwierigkeiten oder Unfälle entstanden wären.

Dringend warnen muß ich davor, Kinder auf Rädern mitzunehmen, wenn keine Sicherung dagegen getroffen wurde, daß Füße oder Hände in die Speichen (das gilt auch für Hänger) oder zwischen die Sattelfedern geraten. Es gab schon unzählige böse Unfälle deswegen, und alle dachten: Es passiert schon nichts ... Sattelfedern lassen sich z.B. durch Umwickeln mit Textilklebeband sichern.

Weil Abgase am Boden dichter sind, sollten Kinder hoch sitzen. Am sichersten in Kunststoff-Schalen oder Flechtkörben. Diese sind auch wertbeständiger als aus Draht gebogene Sitze, deren Bespannung oft reißt. Um zu sparen, kann man einen Händler suchen, der den Sitz oder andere Kindersachen später wieder in Zahlung nimmt. Es ist allerdings meist lohnender, direkt weiterzuverkaufen oder zu tauschen.

Mir scheint es meist günstig, wenn das Kind hinten sitzt. Da wir dann das Bein nicht über den Sattel schwingen sollten, ist ein Damenrahmen sinnvoll. Dahmenrahmen sind aber allgemein weicher als Herrenrahmen. Das "einzig Wahre" zur Mitnahme von 2 Kindern oder einem Kind und Gepäck sind Utopia-"Kreuzmixterahmen". Diese Rahmen haben tiefen Durchstieg und zugleich äußerste Steifheit. Die in Deutschland üblichen Aluminiumrahmen sind oft bruchanfälliger und labiler als Stahlrahmen. Deswegen sind sie vor allem für Kindersitze ungeeignet, ähnlich unverstärkten, billigen Damenrahmen mit nur zwei Rohren zwischen Tretlager und Vorderrad. US-Alu-Rahmen werden sogar von den Fahrrad-Kurieren bevorzugt, weil sie besonders robust sind. Und die Rahmen werden zunehmend auch hier angeboten. Ich würde lieber noch genauer werden und die deutsche Schrottfirma beim Namen nennen, aber ich bin nicht rechtsschutzversichert. Die haben 's jetzt sogar geschafft, Testsieger zu werden. Ich habe aber schon die zerbrochenen Rahmen gesehen und die Leute, die ihr Alu-Rad eintauschen wollten, weil's so lahm und weich ist. Wer sein Kind vor sich setzen will/muß, sollte daran denken, daß es da ganz schön zieht. Dagegen hilft eine preiswerte, leicht an den Lenker anzuklipsende Windschutzscheibe mit einem Beinschutz aus Plane. Sie ist bei Schlechtwetter auch ohne Kind sehr angenehm.

Um das Kind, oder auch nur Gepäckgut, aufsetzen zu können, sind Zweibeinständer sehr nützlich, das Rad steht stabil und senkrecht. Noch stabiler steht ein Dreirad. Auf ihm lassen sich auch mehrere Kinder mitnehmen. Wenn die Kinder groß sind, kann man es immer noch für große Lasten gebrauchen oder verkaufen, tauschen, vermieten.

Wenn das Kind aus dem Alter heraus ist, wo es nur stillsitzen kann, gibt es eine Reihe weiterer Möglichkeiten. Die lustigste ist ein Kindersitz auf einem Swingbike in Kombination mit einem Wetter- und Prallschutz am Lenker und Fußstützen auf dem Unterrohr. Das Kind kann mit Armen und Beinen mitschaffen, sogar lenken. Es kann aber (bis etwa ins 5. Jahr) nicht gefährlich eingreifen.

Nur auf einem Swingbike ist es möglich, das Kind geschützt zwischen den Beinen zu haben, ohne daß das beim Fahren stört (weil beide Beine gleichzeitig in gleicher Richtung bewegt werden).

Wer nur ein "normales" Rad hat, kann ein umgebautes Kinderrad "kardanisch" anhängen. Das kann z.B. ein Schlosser machen. Das Kinderrad neigt sich so mit in die Kurve, das Kind kann treten, muß aber nicht. Da das Kind tiefer sitzt, kann es leicht aufsteigen, allerdings atmet es mehr Abgase ein. Eine ähnliche Lösung ist ein an einer waagerechten Achse aufgehängtes, halbes Kinderrad neben dem Erwachsenenrad.
Wer ein Tandem hat, oder sich eins zulegen will, hat noch eine Möglichkeit. Er kann das hintere Tretlager einfach mit einem Umbausatz hochverlegen. Dadurch läßt es sich stufenlos an die jeweilige Beinlänge anpassen. Das Kind muß dann allerdings immer mittreten (außer bei Speziallösungen). Für diesen Zweck wird kein teures Tandem benötigt, da es kaum belastet wird (allgemein rate ich aber von Billigtandems ab). Da das Tandem bei dem Umbau nicht beschädigt wird, kann es später wieder weiterverkauft werden.

1.6 Die Gepäckbeförderung

GEPÄCKTRÄGER

Es gibt unverwüstliche, trotzdem leichte Gepäckträger zu kaufen, die auch schwerbeladen nicht die ganze Fuhre ins Schwanken bringen und leichtes, sicheres Lenken erlauben. Erstes Merkmal sind mehr als 2 Streben und die Besonderheit, daß die hinterste Strebe nicht von den seitlichen Kanten des Trägers abgeht, sondern ziemlich von der Mitte der hinteren Querstrebe.

BEHÄLTER

Es gibt den offenen Korb (da fällt leicht was durch die Maschen oder springt bei einem Bordstein-Hopser hinaus). Besser sind geschlossene Boxen auf dem Gepäckträger oder an den Seiten. Am besten sind fest- und abschließbare Modelle, sie sind auch im Stil von Aktenköfferchen erhältlich. Packtaschen gibts sogar mit Garantie auf Lebenszeit. Sie sind besonders durch geringes Eigengewicht und viele Seitentaschen für Touren geeignet. Auch ergeben sie tief montiert (Lowrider) einen günstigen Schwerpunkt. Immer häufiger werden Taschen angeboten, die man auch als Rucksack oder Umhängetasche verwenden kann. Riesige, dauerhafte, abschließbare und billige Satteltaschen lassen sich aus "Abfall"kanistern selbst machen. Vorne lassen sie sich auch als Witterungsschutz nutzen.
Eine über den Korb gespannte Plane schützt vor Herausspringen des Inhalts und Regen. Ist die Plane direkt hinter dem Sattel befestigt, so kann sie im Stand auf diesen umgelegt werden und ihn vor Nässe schützen (gesehen beim "RAdhaus", Freiburg).
Dringend warnen möchte ich davor, Einkaufstaschen an den Lenker zu hängen. Gerade in kritischen Situation können sie durch ihr Schaukeln oder dadurch, daß sie in die Speichen kommen, schlimme Unfälle verursachen. Auch schwere Rucksäcke sind gefährlich.

ANHÄNGER:
Wir haben schon Umzüge mit Fahrradanhängern bewältigt, und das Verladen geht oft sogar leichter als z.B. in einen Kombi oder VW-Bus, weil es keine einengenden Seitenwände gibt. Solche Schwerlast-Anhänger braucht nicht jede(r) zu besitzen. Aber vielleicht wäre das mal für eine Hausgemeinschaft, eine Firma oder einen Fahrradladen eine Anregung.

In der Regel reichen leichte, kleine, leichtlaufende Anhänger. Sie sind in großer Auswahl, auch über verschiedene Selbstbauanleitungen, zu haben. Einige lassen sich sogar zusammenklappen und passen dann in eine Studentenbude. Viele haben abschließbare Deckel oder abnehmbare Kästen. Neuerdings gibt es immer mehr Modelle, die nicht die nervenzerklappernde und unsichere Kugelkopfkupplung alter deutscher Bauart haben.[1]

Für Einkäufe am praktischsten scheint mir der "Donkey" von Winther aus Dänemark. Er läßt sich mit einer dichten Plane verschließen, hat eine kippsichere Aufhängung mit Schnappkupplung und eine praktische, verstellbare Innenaufteilung. Er ist so konzipiert, daß mensch ihn mit in den Laden und zurück nehmen kann - statt Einkaufswagen. Abschließen, Umpacken entfällt, bis in die Küche. Er kann auch in öffentliche Verkehrsmittel mitgenommen werden und faßt etwa 2 Bierkästen.[2]

Für Langstrecken vor allem mit Rennmaschine oder Tandem besonders interessant ist der "Uno", auch von Winther. Er ist sehr leicht, rollt sehr leicht, denn er hat nur ein Rad und neigt sich dank einer Spezialkupplung mit dem Fahrrad in die Kurve. Er beeinträchtigt das Lenken viel weniger als entsprechend beladene Gepäckträger.

1.7 Rad und Bahn

Ich bewege mich fast nur innerhalb Darmstadts, da aber bei jedem Wetter, mit unterschiedlichstem Gepäck und habe es oft eilig. Ich kann und will weder in Taxen noch anderen Autos selbst Gas geben noch mitfahren. Der öffentliche Nahverkehr ist meist ein Hohn. Deshalb nehme ich oft mein Rad mit in die Bahn, wenn ich weiter als 20 km zu fahren habe. Das ist eine sehr angenehme Art zu reisen. Die Vorteile der Bahn kann ich aber nur richtig nutzen, wenn ich ein Rad habe, besser: wenn ich unter meinen Rädern auch eines habe, das ich mit ins Abteil nehmen kann. Wer sich auf einen Gepäckwagen verlassen muß, weil er ein "normales" Rad mitführt, wird sich sehr oft wie ausgestoßen vorkommen. Wer das Rad aufgibt,

---

[1] Neuerdings gibt 's sie wenigstens auch mit Klapperschutz.
[2] Leicht, praktisch und einfach schön der neue Pichlerrad-Einkaufshänger

tut dies im doppelten Wortsinn. Wer einmal gesehen hat, daß Räder mehrstöckig ungeschützt gestapelt und auf einen Haufen geworfen werden wie Kohlestücke, der wundert sich über keinen Schaden mehr. Ich kenne viele, bis zum TOTalschaden. (In Frankreich darf man das Rad nicht einmal selbst in den Gepäckwagen laden, sondern muß es 'aufgeben'; außer bei kürzeren Etappen in bestimmten Zügen.) Folglich brauche ich ein alltagstaugliches Klapp- oder Zerlegrad, das befriedigende Fahreigenschaften hat. Das Moulton bietet mir sogar noch etwas mehr.

2. Sonderkonstruktionen und Neuentwicklungen

2.1 Das Moulton

Von ihm wurden kurz nach Markteinführung in nur 4 Jahren über 100.000 Stück verkauft. Das hätte der Anfang der Entwicklung eines gänzlich anderen als des üblichen Zweiradkonzepts sein können. Es ließe sich wohl am besten mit klein-aber-fein umschreiben. Sein Konzept basiert auf kleinen Rädern, Hochdruckreifen und Federung und bezieht Kunststoffe und Zerleg/Faltbarkeit mit ein. Hochdruckreifen können mit mehr als doppeltem Reifendruck aufgepumpt werden und rollen dann etwa doppelt so leicht wie normale Reifen. Die Federung gleicht die Reifenhärte aus. Ich kann aus meiner Erfahrung sagen, daß die Vorteile kleiner gefederter Hochdruckräder ihre Nachteile im Alltag bei weitem überwiegen.

Ich gebe dem Moulton viel Raum, weil es oft kurz als Exotikum abgetan wird. Das Moulton wird von Alex Moulton seit Ende der 50er Jahre entwickelt. Es sollte alltagstauglicher als normale Räder sein, aber auch für breite Bevölkerungsschichten erschwinglich. Es war durch Vorder- und Hinterradfederung komfortabler, kleinere Räder und Unisex-Rahmen (Durchstieg wie Damenrahmen, aber stabil wie Herrenrahmen, schnell an alle Körpergrößen anpaßbar), vielseitiger und - auch unzerlegt - handlicher als traditionelle Räder. Es ließ sich durch fest in den Rahmen integrierte, breite und tiefliegende Gepäckträger besser als konventionelle Räder für Gepäck (auch sperriges) nutzen. Es war durch Hochdruckbereifung und Federung schneller als traditionelle Räder. (Verschiedenen Quellen zufolge rollte es je nach Bodenbeschaffenheit sogar ähnlich leicht oder leichter als Rennmaschinen.) Und es war preiswert und fand überraschend schnell viele Freunde. Noch heute gibt es Moulton-Clubs, deren Mitglieder das Rad im Alltag nutzen und sich gegenseitig mit Ersatzteilen versorgen. Es hätte ein Welterfolg werden können.

Aber der Multi Raleigh wollte auch etwas ähnliches anbieten. Raleigh konnte oder wollte kein ähnlich mit Hochdruckreifen und Federung ausgestattetes Rad herausbringen. Raleigh baute einen ähnlich aussehenden Rahmen. Den nötigen Federungskomfort erreichte man durch dicke, schwach aufgepumpte Reifen, die schwer liefen.

Raleigh machte sich die Beliebtheit des Moulton-Konzeptes zunutze, um den billigen Abklatsch einer hervorragenden Entwicklung zu vermarkten. Raleigh drückte das Original mit seiner Werbemaschinerie aus dem Bewußtsein. Schlimmer noch – Raleigh verkehrte die wegweisende Idee von Alex Moulton ins Gegenteil. Denn dieser Abklatsch wurde das Vorbild der zu Wirtschaftswunderzeiten massenhaft fabrizierten Klappräder. Diese abschreckendsten Beispiele grobschlächtigen Fahrradbaus mußten ihre Beschwitzer glauben machen, daß Muskelkraft und kleine Räder nicht zum Vorwärtskommen taugen. Dieses Autozubehör prägte auch das Ansehen, in dem Fahrräder allgemein seither stehen. Wer damit einen ersten oder letzten Versuch gemacht hat, sich selbst fortzubewegen, der wird so bald nicht wieder aufsteigen aus seiner Verfettungsbüchse. Dann doch lieber Hometrainer fahren.

Alex Moulton mußte damals aufgeben und an Raleigh verkaufen. Aber er hat aus dieser Schlappe gelernt und ein Happy-End draus gemacht. Nach gewissenhafter Weiterentwicklung und dem Neu-Aufbau einer Produktionsstätte stellte er vor einigen Jahren das AM2 und das AM7 vor. Mit diesen Neuentwicklungen (und dem darauf folgenden AM14 und AM5) hat er so eigenständige Produkte geschaffen, daß er keine schlechte Kopie mehr fürchten muß. Dies auch, weil er durch den hohen Preis hochinteressierte Käufer anspricht, die sich nicht durch oberflächliche Ähnlichkeiten täuschen lassen.

2.2 Das Swingbike

Es ist das einzige relativ erschwingliche Serien-Zweirad, das es mir ermöglicht, mit Spaß etwas mit dem und für den ganzen Körper, insbesondere den "Zeichentischrücken" zu tun.

Als Alltagsrad hat es u.a. folgende Nachteile: Unebene Strecken schlagen auf die Wirbelsäule, der Gepäcktransport ist eingeschränkt und es ist gegenwindempfindlich. Dennoch ziehe ich es einem Heimrudergerät oder Fitnesstudio vor. Fahrtwind und Geschwindigkeit sind halt doch 'ne feine Sache. Außerdem verbinde ich Bewegung gerne mit Fortbewegung.

2.3 Die Sessel- oder Liegeräder

Zur Zeit lege ich nur selten längere Strecken außerhalb der Stadt zurück. Doch wenn, dann nehme ich am liebsten ein Sessel- oder Liegerad dafür.

Das Fahren auf konventionellen Rädern hat gegenüber dem auf einem Liegerad immer etwas von "Arbeit" an sich. Da man bei Liegerädern in etwa die Haltung eines Autofahrers einnimmt, kann man auf ihnen auch ähnlich bequem sitzen. Man sitzt auf ihnen – je nach Ausführung – auch etwa gleich tief, deshalb ist die Sicht(barkeit) auf ihnen im allgemeinen etwas schlechter als auf "Normalhaltungsrädern" (erinnert Euch an die Verkleidungen im Abschnitt 'Schlecht Wetter').

Durch die tiefere Sitzposition atmet man auch etwas mehr Schadstoffe in der gleichen Zeit ein. Da man für lange Strecken meist weniger Zeit braucht, hebt sich das vielleicht wieder auf. (Autofahrer atmen noch mehr von ihrem Gift ein, da der Lufteinlaß noch tiefer ist. Sie merken 's nur nicht, weil der Dreck gleichmäßiger reinkommt. Das wurde u.a. von Öko-Test[1] herausgefunden.)
Durch geringeren Luftwiderstand ermöglichen Liegeräder höhere Geschwindigkeiten als Normalräder. Gleiche Geschwindigkeiten sind weniger anstrengend. Langstrecken werden zum Vergnügen.

Das Hauptproblem bei allen mir bekannten im Handel befindlichen Liegerädern scheint zu sein: Sie haben keine oder keine ausreichende Federung. Durch sie wäre es möglich, trotz leichtlaufender, aber harter Hochdruckreifen äußerst komfortabel zu fahren. In Europa sind zur Zeit nur relativ hart gefederte Liege-2-Räder der Firma Radius im Handel. Außerdem kann man noch das Leitra-3-Rad erwerben, es ist aber nur an den Vorderrädern gefedert.

Die Leute von Radius wollen ein besser gefedertes Liegerad herausbringen. Auch Rasmussen (Leitra) will das Hinterrad federn. Und für den Wincheetah soll es einen gefederten Freund geben. Mit den beiden schließe ich die rollende Revue ab.:

2.4 Das Leitra

Es wurde von dem dänischen Verkehrsplaner Rasmussen entwickelt, nachdem er erkannt hatte, daß alles Planen für menschenfreundlichere Städte umsonst ist, solange es keine Alternative zum Auto gibt.

Das Leitra ist ein völlig geschlossenes Dreirad mit Vorderradfederung, sehr leicht und klappbar. Es hat eine riesige Gepäckkapazität, ist ausgezeichnet durchdacht, alltagstauglich und ziemlich ausgereift. Es wird handwerklich und nur in kleiner Stückzahl hergestellt. Herr Rasmussen fährt damit z.B. von zuhause bis an die deutsche Weinstraße und zurück. Das Leitra ist mit und ohne Verkleidung zu kaufen, man kann auch Baupläne erhalten. Am reizvollsten aber wird es sein, Herrn Rasmussen selber in seiner Werkstatt zu besuchen. Man kann das eigene Leitra mit ihm bauen, einen kreativen Urlaub verbringen und ein hübsches Souvenir mitnehmen.

---

[1] Heide Wahrlich: Atemluft auf dem Arbeitsweg: Eins zu Null fürs Radeln, in: ÖKO TEST. Magazin für Alltagsökologie, Nr. 8, August 1985; H.W.: Radfahrer atmen weniger schmutzige Luft ein als Autofahrer, in: Forschungsdienst Fahrrad, Allgemeiner Deutscher Fahrradclub (ADFC), Nr. 1985

2.5 Der Wincheetah (oder windcheater)

Es wird von dem Engländer Mike Burroughs in Kleinserie gebaut. Jedes dieser tief(f)liegenden Dreiräder mit Vollverkleidung fällt etwas anders aus und wird individuell auf den Auftraggeber zugeschnitten. Burroughs wollte vor allem eine sportliche Alternatve zum Fahrrad, auch zum Rennrad bauen. Das ist ihm geglückt. Der Wincheetah (von to win = gewinnen, cheetah = Name für Wildkatze) oder windcheater (Windüberlister) wird seinem Namen gerecht. Seine Fahrer holen mit ihm auf offenen hpv-Rennen[1] Trophäen, wo immer sie aufkreuzen. Das tun sie oft im Rudel, und die Strecke zum Rennen wird natürlich mit dem Windcheetah selbst zurückgelegt. Sie fahren damit auch im Alltag. Der Clown des Wincheetah-Clans ist Fassadenreiniger und befördert damit alltäglich seine Leitern etc. Cary Peterson, Redakteurin einer holländischen Fahrradzeitschrift, fuhr damit in etwa 10 Stunden von Amsterdam zur Kölner Fahrradmesse. Und natürlich wieder zurück.

3 Die IHPVA

Die Internationale Human Powered Vehicle Association, IHPVA, ('Menschlich angetriebene Fahrzeuge' - Internationale Vereinigung) wurde in Kalifornien zur Zeit der ersten Energiekrise gegründet, um den Anwendungsbereich von Muskelkraft bei der Fortbewegung zu Lande, zu Wasser und in der Luft zu erweitern.

Unter hpv werden nicht immer nur von Menschen angetriebene Fahrzeuge verstanden. Umweltfreundliche Antriebe anderer Art werden einbezogen: human/menschlich wird hier als "menschenfreundlich" interpretiert. Der Begriff hpv schließt herkömmliche Räder mit ein. Vor allem sind in Konstruktion und Fähigkeit stark von ihnen abweichende Fahrzeuge gemeint.

Die IHPVA tritt hauptsächlich mit einer Zeitschrift, den 'hpv-news' und mit den "Freien Rennen" an die Öffentlichkeit. Bei diesen Rennen ist im Gegensatz zu den Rennen der UCI (Union Cyclistes International) die Fortbewegung aus eigener Kraft einzige Teilnahmebedingung. Die Rennen werden in verschiedenen Klassen gestartet, (2-Räder, 3-Räder ...). In Europa steht die Überprüfung/Demonstration der Alltagstauglichkeit verstärkt im Vordergrund (künstlicher Regen, tragen über Treppen). Die hpv-news sind die verbandseigene Zeitschrift, die deutsche Ausgabe heißt hpv-Nachrichten. Die IHPVA hat in der kurzen Zeit ihres Bestehens u.a. die durch reine Muskelkraft erreichbare Höchstgeschwindigkeit nahezu verdoppelt (auf über 100 km/h), vor allem durch verbesserte Aerodynamik. In klassischen "Rennrad"rennen nach (UCI-)Reglement konnten die Geschwindig-

---

[1] wird gleich erklärt

keiten seit Anfang des Jahrhunderts demgegenüber kaum gesteigert werden (auf etwa 60 km/h).

4. Die Radgeber[1]

Wir bieten kein Serien-Produkt zum Kauf an, sondern eine Zusammenarbeit im Bereich Fahrrad bei Sonderkonstruktionen, Verkleidungen, Design, Patentrecherche und Werbung. Sind wir selbst nicht sachkundig, vermitteln wir wenigstens die richtige Adresse. Zusammenarbeit per Post hat sich bewährt bei der Infobeschaffung für Diplomarbeiten, bei individuellen Problemlösungen für Federungen, bei Liegerädern und Verkleidungen, bei Beschaffung von Ausstellungsstücken oder Reklamefahrzeugen. Notfalls kommen wir selbst, um mit anzupacken oder zu informieren mit Dias, Filmen und Videos. Persönlich kann man sich auch an uns wenden, (Übernachtung ist möglich), und an Gruppenkursen teilnehmen. Spenden (zum Beispiel, wenn Ihr eine Problemlösung ohne weitere individuelle beRadung durch uns, übernehmt: 10-30 DM pro damit ausgerüstetem Rad; ansonsten teilen wir unseren Aufwand schon mit) ermöglichen uns weiteres freies Foschen ohne Gängelung durch große Geldgeber, ohne daß wir Kreativität und Geld für Patente und Rechtsstreits verschwenden. Euch erspart das Gewissensbisse und uns den Zwang zu ängstlicher Geheimhaltung allgemein interessanter Lösungen. Wer unsere Ideen klaut, erkennt damit unsere Leistung an, schädigt sich aber langfristig selber, denn wir können auf Gegeneinanderarbeit verzichten. Kreativität statt Schmarotzertum und Bürokratie? Bisher ging's, und wir halten die Fahrrad-Szene für überschaubar genug, einen solchen Versuch auch im größeren Stil zu wagen. Noch.

Und nun ein Beispiel für ein Problem, DIE HINTERRADFEDERUNG, und seine Lösung: Die Augangslage ist die: Moulton hat eine Perspektive eröffnet. Federung ermöglicht kleine Hochdruckräder mit sehr geringem Rollwiderstand und höherem Komfort als 28" Niederdruck-Walzen. Aber die Hinterradfederung des Moulton ist zu hart. Das Problem bleibt: wäre sie weicher, würde jeder Tretimpuls die Federungslage beeinflussen. Das entspricht der traditionellen Lehrmeinung, daß Fahrradfederungen Verluste bedeuten. Insbesondere bei Alltagsliegerädern ist die Hinterradfederung ein Muß: der Gewichtsverteilung und der fehlenden Möglichkeit wegen, aus dem Sattel zu gehen.

Die Lösung ist die Verlagerung des Schwingendrehpunktes auf etwa die Höhe, in der die Kette verläuft. Tretimpulse erzeugen kein Drehmoment mehr auf die Hinterrad-Schwinge. Die bauliche Ausführung ist kaum schwieriger als die einer normalen Schwinge und ebenso stabil. Es sind allerdings für verschiedene Radtypen (Liege-,

---

[1] Als Radgeber fungieren einige Menschen in Darmstadt, die sich mit der Fahrrad-Entwicklung beschäftigen (Hg.)

Klapp- und andere Räder) entsprechend unterschiedliche Ausführungen sinnvoll; individuelle Baupläne, Gegenanzeigen, Verlustberechnung und weitere technische und gestalterische Möglichkeiten für das einzelne Rad, die sich aus dieser Lösung ergeben, schließen sich an.

Kontaktadressen

Für eine schnelle Kontaktaufnahme gebe ich die folgenden Adressen an (alle weiteren Adressaten können auf dem Umweg über die Verlagsadresse angeschrieben werden):
Peter Mickenbecker, Heinestr. 41, 61 Darmstadt, Tel. (06151) 68959
Rolf Disch, Wiesentalstr. 19, 78 Freiburg, Tel. (0761) 404171
Lothar Wolfstetter, Materialis Verlag, Rendeler Str. 9–11,
Tel. (069) 450882

Das vollbepackte Moulton von Peter Mickenbecker

Jupp Trauth (Roth)
Gehen

Ein Auto hab ich nicht mehr. Für den Widersinn, immer ½ Tonne Blech, Glas und Plastik mitzunehmen, wenn ich meine 68 kg an einen anderen Ort bringen will, gibt es keine Rechtfertigung. Und ewig mich verlassen auf die Technik von anderen und hinnehmen die Vergewaltigungen von Menschen, Natur und Landschaft, nein danke. Noch dazu machen mich alle an, wieso ich als Grüner noch Auto fahre.

Daher dann das Fahrrad endgültig als wichtigstes Mittel der Fortbewegung für kleine bis mittlere Entfernungen - das ist die "schnelle Lösung" für die kurze Hauptstrecke über 3 km von Roth nach Kastellaun, es geht bergauf + bergab, ganz schön anstrengend, wenn es schnell gehen soll, oder mit Lasten: Einkaufen, Besorgungen machen, Politisieren, Schwimmen, Kino und einmal wöchentlich zum Freizeit-Volleyball. Das geht dann so: kurz vor 8 Uhr aufs Rad geschwungen, von der Hektik des Tages über die Anstrengung der bergigen Autostraße in die sportliche Freizeit gestrampelt. Ergebnis: ich komme zu spät und abgehetzt an, da sich meine Abfahrt daheim - schließlich benutze ich ja ein schnelles Verkehrsmittel - durch zwischengeschaltete Tätigkeiten (schnell noch Zeitung lesen, was essen, erzählen ...) verzögert. Und dann auf der Straße die Autos ununterbrochen an mir vorbeirasend als unbestritten stärkere, hoffentlich kein Besoffener oder Blinder von hinten ...!

Und dann endlich kam ich auf die lebensfreundliche Lösung. Vielleicht kam ich drauf, weil mir jemand, von dem ich für meine Fahrrad-Konsequenz gelobt zu werden hoffte, entgegenhielt: "Früher sind wir das doch alles gegangen, tagtäglich + noch viel weiter. Zu Fuß natürlich."

Gleich ausprobiert, merkte ich: Selten im Leben verbindet sich das Angenehme so gut mit dem Nützlichen. Zu gegebener Zeit packe ich alles zusammen und gehe aus dem Haus. Es fängt ein neuer, eigenständiger Abschnitt an, auf den ich mich einlasse für die nächste halbe Stunde: die Dorfstraße entlang, übers freie Feld, eine kleine Anhöhe überquerend und dann nach Kastellaun hinein.

Da bleibt die Hektik ohne Chance: Rennen oder Eilen halte ich wegen der Länge der Strecke nicht durch und dann gibt es dauernd Abwechslungen unterwegs: im Dorf der eine oder andere Nachbar, die große Linde am alten Schulhaus, dann die Kirschbäume hier, die Zwetschgen dort, im Feld der steinige Weg, zwei Fahrspuren und Gras, die Felder jedesmal anders, nur wenige Farben, aber in 1000 Abstufungen + mit allen Tönen die Vögel. Und ich mittendrin, nur mit meiner eigenen Kraft, ohne fremde Hilfe, genießend ohne zu stören oder zu zerstören und dabei komme ich auch noch vorwärts zu meinem Ziel!

Was für ein Kontrast schließlich dort: die Autos in der Stadt, das Erstaunen der anderen, die vor der Turnhalle aus ihren mobilen

Käfigen kriechen, meine Erklärungsversuche, die meist Rechtfertigungen sind, anfangs jedenfalls. "Ja, aber die Zeit!"

Zuerst mal äußerlich: Da spielt ihr zwei Stunden Volleyball und hockt anschließend ebenso lange in 'ner Kneipe – da reicht dann die Zeit für nicht mehr als 5 Minuten Autohektik? Und dann das eigentlich euer Leben Betreffende: Alles schnell zu tun, spart Zeit – doch wo bleibt sie nur? Wie denn ein Leben an einem Stück führen, wenn eure Tage eingeteilt sind in Zeiten, die so kurz wie möglich sein sollen, weil sie leer sind und auf andere Tätigkeiten nur vorbereiten oder sie ermöglichen und in Zeiten, die dann das Leben, euer Leben ausmachen? (Schon viel zu hoch und weit, merk ich meist, oder sie wollens nicht hören.)

"Ja, aber das Wetter!" Das stimmt, ich muß immer wissen, was zu erwarten ist. Aber dafür habe ich meine jahreszeitlichen Erfahrungen: Winters ziehe ich mich dicker an (es ist eine falsche Mär oder Ausrede, draußen könnte es zu kalt werden – richtige Kleidung vorausgesetzt), bei Regen nehm ich die Regenjacke und sommers was leichteres. So ist das Wetter weder eine Störung für mich noch gar eine "Behinderung", wie sie ständig von den Autostraßen gemeldet werden. Eis, Schnee oder Regen haben meinen Weg nie unmöglich gemacht, wenn auch mitunter etwas erschwert. (oder erleichtert: Bei genügend Schnee schnalle ich die Skier unter und komme mir wie auf Polartour vor.)

"Ja, aber die Dunkelheit und die Angst!" Völlig stockfinster hab ichs nie erlebt. Selbst ohne Mond und Sterne habe ich die Wege gefunden. Doch erst bei klarem Sternenhimmel: Da gehe ich königsgleich, und immer bewegt sich der Mittelpunkt der Welt mit mir. Ich stehe in der Mitte dieses riesigen Zeltes aus schwarzem Stoff, das vieltausendfach durchlöchert eine Ahnung gibt von der ewigen gleißenden Helligkeit dahinter. Da huscht auch schon mal was hin und her vor mir und neben mir, aber auf dem Feldweg fühle ich mich unvergleichlich sicherer als ein Verkehrsteilnehmer auf dem Schlachtfeld Straße.

Und an diesem Punkt gehe ich in die Offensive über: von wegen Zeitverschwendung, ich müßte viele Stunden zusätzlich arbeiten, um mir ein Auto leisten zu können. So verbringe ich meine Zeit mit schöneren Dingen, z.B. zu Fuß gehen. (Als Mitarbeiter in einem selbstverwalteten Betrieb habe ich die Möglichkeit, meine Arbeitszeit nach meiner Lebensvorstellung festzulegen. So arbeite ich für meinen Lebensunterhalt und nicht für Luxuskonsum.)

Das Gehen bringt mir Phantasiesprünge, neue Gedanken nisten sich ein in meinem Kopf, Zwiegespräche finden statt, Ideen fliegen vorbei, die Menschen von früher gehen mit mir und auch die nach mir kommen – wenn wir ihnen nicht alles kaputt machen, um Zeit zu gewinnen für unser persönliches Eigeninteresse. 3000 Meter sind es nur, sie erscheinen mir im Gehen jedesmal wie eine Reise mit immer neuen Ansichten und spannenden Momenten: Wie z.B. auf dem Heimweg hinter dem Hügel die Lichter meines Dorfes auftauchen als mein

Ziel, wo ich daheim bin. Ich gehe ins Dorf hinein, fast schon wie ich einen Hof oder ein Haus betrete. Alles still und dunkel, erwartungsvoll.

Bis heute erstaunt mich jedesmal neu die Erfahrung, wie schnell doch diese Entfernung zurückgelegt wurde von mir! Wenn das nicht toll ist: Ich gehe zu fuß, nehme unterwegs vieles auf, bewege mich als Teil in und mit der Natur, verweile gehend hier und dort – und komme auch noch schnell an!

Anders Denken
Philosophie bei Materialis

„Es gibt im Leben Augenblicke,
da die Frage, ob man anders denken kann,
als man denkt,
und anders wahrnehmen kann,
als man sieht,
zum Weiterschauen und Weiterdenken
unentbehrlich ist."

Michel Foucault

Michel Foucault
Freiheit und Selbstsorge
Interview 1984 und Vorlesung 1982 eingeleitet von Helmut Becker und Lothar Wolfstetter
84 S. A 5, 15,80 DM

»Der Kreis der Argumentation Foucaults schließt sich nun jetzt erstmals. Und angesichts seines Todes bekommt seine neue Theorie der Subjektivität so etwas wie den Charakter eines Vermächtnisses.

Foucault rekonstruiert aktualisierend die antike Ethik — Plato/Sokrates, die Stoa, den Neuplatonismus — unter dem von ihm zur zentralen Kategorie erhobenen Begriff der Selbstsorge (Epimeleia heautou, cura sui, Souci de soi). Er wendet sich damit gegen die primär erkenntnistheoretische Auffassung (Descartes usf.) der Philosophie, wie sie immer noch vorherrscht, und wertet stattdessen wieder Philosophie als Praxis des Lebens und als Praxis der Freiheit auf. Zugleich wendet er sich gegen die christlich-kirchliche Konzeption des Selbstverzichts, die nach seiner Ansicht zum okzidentalen Primat der Objektivität entscheidend beigetragen hat.

Die Ethik der Selbstsorge ist für Foucault aber auch der selbst praktizierte Modus und der Maßstab, um einen Paradigmenwechsel vorzunehmen: nicht mehr die objektive Logik der Gesellschaft steht im Mittelpunkt, sondern die Logik des Subjekts und seiner Beziehungen. Objektive und subjektive Logik werden von ihm in zwei getrennte Betrachtungsweisen geschieden und nicht mehr unter dem Primat des Objekts ineinsgesetzt, wie etwa im Marxismus.

Die einzelnen Individuen, die von den Individualisierungsstrategien der neuzeitlich-okzidentalen, institutionellen Diskurse und Dispositive als Masenphänomen mit hervorgebracht wurden, können sich nun aktual den Ort verschaffen und die Zeit nehmen, sich als Subjekt zu konstituieren, indem sie die Maximen des Sokrates aufnehmen: »Kümmere Dich um Dich selbst!«, »Erkenne Dich selbst!« und »Kümmere dich um Dich selbst vermittels der Sorge um die Wahrheit!« Sie können diese Maximen in Lebenspraxis umsetzen.

Die von Foucault durch verschiedene Transformationen hindurch vorangetriebene Aktualisierung der platonisch-stoischen Selbstpraxis gibt so eine reflektierte Form ab, die eine Freiheitspraxis des Subjekts begründet. Diese ist in sich selbst politisch, indem Frei-Sein bedeutet, kein Sklave zu sein — weder Sklave von anderen, noch von sich selbst und seinem Begehren. Die richtige Bemeisterung seiner selbst ist dabei die Grundlage, sich richtig um die anderen zu kümmern. Die Beziehungen und das richtige Verhalten in ihnen rückt so für Foucault in den Mittelpunkt, während die Frage der richtigen gesellschaftlichen Verhältnisse zurücktritt.« (L.W.)

Pressestimmen, Rezensionen und Zitationen zu:
Michel Foucault, Freiheit und Selbstsorge

„In den letzten Jahren setzte Foucault bereits zu einer Neuexplikation seiner Machtkonzeption an.... aus Interviews und veröffentlichten Vorlesungsauszügen läßt sich immerhin eine gemeinsame Stoßrichtung dieser Arbeit erkennen. (Vgl. insbes. ... sowie das Interview mit Helmut Becker u.a., ,,Freiheit und Selbstsorge", Materialis Verlag Frankfurt 1985):"
Hermann Kocyba, Hermeneutik des Begehrens, in: **taz**, 15.4.86

„Sehr geehrter Herr Becker,
nach der Lektüre des Buches ,,Freiheit und Selbstsorge" möchte ich Ihnen meine Anerkennung für die Herausgabe aussprechen. Meines Erachtens kann es viel zum genaueren Verständnis Foucaults beitragen."
Brief von **Walter Seitter** vom 20.4.1986

„Michel Foucault hat ja ... eine Ethik des souci de soi entwickelt, also eine Ethik der Selbstsorge. Er meint: das ist die antike ... Art, Ethik zu sein, nämlich daß man das Problem in der jeweils individuellen Realisierung des guten Lebens oder in der Verwirklichung des authentischen Lebens im Sinne eines schönen Lebensstils sieht. Nun ist das gewiß ein Problem, das m.E. auch heute besteht ... Aber auf der anderen Seite würde ich meinen, es wäre eine Katastrophe ..., wenn man dies ... heute realisieren wollte ohne Rücksicht auf die universalen Prinzipien der Moralität, die zuerst durch Kant entwickelt worden sind. Foucault sagt genau das Gegenteil. Foucault sagt, es wäre eine Katastrophe, wenn man heute ... universale Moralprinzipien geltend machen wollte. Ich kann das gar nicht verstehen."
Karl-Otto Apel, Rekonstruktion der Vernunft durch Transformation der Transzendentalphilosophie, in: **Concordia**, 10, 1986

Materialis Verlag · Rendeler Str. 9-11 · D-6000 Frankfurt 60
Tel.: (069) 45 08 82

Albert Christel
Apokalypse unserer Tage

Erinnerungen an das KZ Sachsenhausen
Hrsg. u. eingel. v. Manfred Ruppel u. Lothar Wolfstetter
EE 8, Materialis, ca. 200 S. Pb, ca. 29,80 DM, ISBN 3-88535-113-7

Dieser Bericht schildert minutiös die eigene Festnahme, die ersten Verhöre, die Überführung ins KZ sowie das Leben und die Arbeit im KZ mit all den unmenschlichen Besonderheiten und den selbst erlebten Vorkommnissen. Zugleich beschreibt der Autor seine eigenen Orientierungsversuche, die sich für ihn sowohl zu der Form einer ständigen Reflexion über das Allgemein-Menschliche als auch zu der Gestalt eines ihm selbst Kraft gebenden Überlebensprogramms verdichtet haben. Erstere dient ihm auch dazu, sie für sich selbst als Maßstab zu nehmen, um die Versuchungen, selber in die Inhumanität abzugleiten, zu bekämpfen.

Die doppelte Unterdrückung des Autors als Politischer (roter Winkel) und als Homoerotiker (rosa Winkel) läßt ihn die Spaltungen, die die SS mit Erfolg zwischen die Lagergruppen (v.a. „Kriminelle" versus Politische) treibt und die zu Distanzierungen und Entsolidarisierungen führen, besser durchschauen, als dies bei vielen anderen betroffenen Autoren (z.B. Kogon, die KPler) der Fall ist. Auch daß der Autor keiner Parteiung angehörte, führt ihn von vornherein dazu, sich im KZ auf sich selbst zu stellen und sich in seinem Verhalten an dem eigenen Maßstab der Menschlichkeit zu orientieren.

Der Titel des Buches entstammt einer seiner wichtigsten Passagen. Seine Aktualität gewinnt er aus dem Zusammenhang, in dem er im Buch steht und der auch heute wieder zu erfahren ist. Das institutionell halbierte und dualistisch unterlaufene Leben, das uns als ein normales Leben in Lohnarbeit, Konsum und Sicherheit vorgehalten wird, war damals und ist auch heute wieder gefährdet. Sich auf ein solches angeblich ungefährdetes und ungefährliches Leben einlassen zu wollen, ist illusorisch, ist mit sich selber nicht-identisches Leben, ist Leben ohne Selbsttätigkeit. Dagegen die Gefährlichkeit auf sich zu nehmen, um seinen Lebenssinn nicht selbst zu gefährden, sich selbst ein menschlich-erfülltes Leben zu schaffen, die Gefährdungen ständig im Blick zu behalten und sich dagegen so gut und offensiv wie möglich zu wappnen — das ist die apokalyptische Schau, in die uns Albert Christel in extremis einführt.

Albert Christel

geboren 1907 im lothringischen Metz; aktiver Wandervogel; Studium der Chemie und Physik in Karlsruhe und Frankfurt am Main; Lehrer-Referendariat; 1 Jahr Lehrer bei der „Freien Schule" von Bondy. Seit 1930 aktiver Widerstand gegen den Faschismus; 1934 Berufsverbot; 1934-38 im Gefängnis; 1939 - 1945 in den KZs Sachsenhausen, Flossenbürg, Neuengamme. Danach stark verminderte Arbeitsfähigkeit; Leben als freier, eigeninitiativer Sozialarbeiter, Schriftsteller, Kunstsammler. Während der 68er Bewegung noch einmal politisch aktiv. Freitod im „deutschen Herbst" 1977.

Materialis Verlag· Rendeler Str. 9-11· D-6000 Frankfurt 60
Tel.: (069) 45 08 82

Friedrich Kröhnke
Zweiundsiebzig

Das Jahr, in dem ich sechzehn wurde
mit einem Nachwort von Karl Krohnke
EE 10 Materialis 96 S. Pb. ca. 16.80 DM ISBN 3-88535-105-6

F.K. gehört zur 72er Generation. Das Jahr 1972, das er schildert, war der Höhepunkt des jugendlichen Aufbruchsversuchs seiner Generation. Für sie wurden die 68er Verhaltensweisen schon in viel jüngerem Alter anziehend. Und so übten sie denn mit 16 Jahren sich in ihrer eigenen Schülerrevolte. 1972 war auch das Jahr, in dem Barzel und die CDU mit gekauften Bundestagsabgeordneten die Ostverträge und die Regierung Brandt zu kippen suchten. Auch dagegen demonstrierte diese Generation.

Für F.K. begann 1972 mit einer „Winterreise", auf der ihm der Vater den Sozialismus austreiben wollte. Aber: „Zum ersten Mal haben mich die elterlichen Argumente nicht mehr verunsichert." Um von den Eltern wegzukommen — „die sind 19. Jahrhundert" — wurden ihnen die linken Lehrer zu Idolen und Ersatzvätern. Es war dann ein Jahr mit einem heißen Sommer voller Aktivitäten. „Als jetzt an unserer Schule die Unruhe zum zweiten Mal anwuchs, ergriff sie Lehrer und Schüler ... und wir bildeten eine gemeinsame, aber nicht stabile Front."

Der Sommer endete mit seiner und des Bruders Relegation von der Schule. „Wir waren zum Mittelpunkt des Geschehens, zum Orientierungspunkt für viele Schüler und zum Stein des Anstoßes geworden." Aber die Relegation konnte den Impetus nicht brechen. Dazu war ihm und seiner Generation das, was sie als die 68er Verhaltensweisen ansahen, schon viel zu selbstverständlich geworden.

Aus der Rückschau von heute sehen wir aber zugleich beim Lesen dieser poetischen Erzählung, daß die 72er Generation viel mehr was Eigenes geworden ist, als sie selbst und wir anderen es damals wahrnahmen. Sie forderte „ohne große innere Zweifel bereits das als normal ein, was den Vorangegangenen noch Unsicherheit, Schuldgefühle und andere seelische Magenschmerzen bereitet hatte." Und: „Während die Älteren um Benno Ohnesorg trauerten ..., sahen wir — mit dem Gespür derer, die erzogen werden sollten —, wie angeschlagen die Autoritäten waren und nutzten die neuen Freiheiten." So entsteht auch F.K.'s Liebe zu seinem Mitschüler Moritz in demselben Sommer, in dem an der Schule die Konfrontationen wachsen. Und sie ist ihm genauso wichtig wie Demonstrationen, Teach-Ins, Schülerzeitung und Spottgedichte.

Friedrich Kröhnke
1956 in Darmstadt geboren, lebt in Köln. Bei Materialis sind bisher von ihm erschienen: „Propaganda für Klaus Mann" und „Gennariello könnte ein Mädchen sein: Essays über Pasolini". Im Verlag Rosa Winkel ist erschienen: „Ratten-Roman".

Materialis Verlag · Rendeler Str. 9-11 · D-6000 Frankfurt 60
Tel.: (069) 45 08 82

Axel Schulte, Monika Müller, Jan Vink u.a.
Ausländer in der Bundesrepublik
Integration, Marginalisierung, Identität
MP 29, Materialis, 168 S. A 5, 26,00 DM

Die Arbeitgeberverbände und die jetzige Bundesregierung begannen vor ein paar Jahren eine große Kampagne zur Ausländerfrage. Mit großem Aufwand stellten sie u.a. die folgenden Behauptungen auf:
 Jetzt in der Wirtschaftskrise sei es geboten, die ausländischen Arbeiter und ihre Familien wieder in ihre Heimatländer abzuschieben. Dies sei ein „normaler Prozeß der Rückkehr."
 „Objektiv" sei jetzt „die Grenze erreicht", bei der „die Bevölkerung" die Zahl der Ausländer als „Zumutung" empfinde.
 Diese Kampagne, die als mediale Realität in Szene gesetzt wurde, löste auch prompt bei weiten Teilen der Bevölkerung eine Welle von Ausländerfeindlichkeit aus.
 Um dem entgegenzutreten, bildeten sich allerorten Ausländerinitiativen. Das Ausländerkomitee Hannover hat damals begonnen, dieses Buch zu erarbeiten, um die obigen Behauptungen u.a. detailliert zu widerlegen. Mittlerweile haben diese Initiativen einigen Erfolg gehabt: die Ausländerfeindlichkeit ist momentan nicht mehr so virulent. Und der riesige Erfolg des Buches „Ganz unten" von Günter Wallraff zeigt, daß eine Art Gegenoffensive zustandegekommen ist.
 Auf der anderen Seite haben Arbeitgeber und Regierung ihre strukturellen Nahziele auch erreicht: Der Abschiebeprozeß wurde erfolgreich eingeleitet und die Bestimmungen des Ausländerrechts werden verschärft angewandt.
 Mithin haben die in diesem Buch vorgetragenen Gegenargumente weder ihre Aktualität verloren, noch sind sie schon genugsam verbreitet. Das Buch empfiehlt sich daher als ergänzende Sachbuchlektüre zu dem von Wallraff. Dort, wo Wallraff schon den Boden bereitet hat, können die Beiträge dieses Buches gut zu einer umfassenden Information der verschiedenen Aspekte der Ausländerproblematik genutzt werden. Ausländerbeschäftigung, Ausländerpolitik, Fremdenhaß und Fremdenliebe, internationale Solidarität im Betrieb, die Wohnsituation von Ausländern, Rückkehr der Arbeitsemigranten, die türkische Familie in der Bundesrepublik sind die Themen, die in diesem Buch behandelt werden. Auch für die mittlerweile sich anbahnende zweite Runde der Auseinandersetzung zeigt dieses Buch schon eine Perspektive auf. (Lothar Wolfstetter)

Hans Blume
Portugal braucht Zeit zum Kennenlernen
Reisebeschreibungen und Sozialreportagen
PS 2, Metarialis, 280 S., A 5, 65 Abb., 20 Karten, 39,80 DM

Das Buch läßt den Leser teilhaben an einer Reise vom Norden bis hin zum Süden Portugals. Kulturelle und landschaftliche Sehenswürdigkeiten werden nicht nur in ihrer touristischen Bedeutung dargestellt, sondern wir erleben sie in ihrem geschichtlichen Kontext. Mit seiner uneingeschränkten Zuneigung für die Menschen, macht der Autor uns miteinander bekannt und der Leser fühlt sich dort sofort zuhause. Unsere Rerise führt uns von der verarmten Provinz Trás-os-Montes im Nordosten Portugals zu der bereits touristisch erschlossenen Algarve im Süden. Die gesellschaftlichen und ökonomischen Gegensätze dieses Landes werden uns sachkundig dargestellt. Das Buch ist nicht angereichert mit Fakten, die oft nur zu schnell vergessen werden, sondern angefüllt mit Beschreibungen und Erläuterungen und bietet genug Raum für den Leser, sich seinen eigenen Gedanken hinzugeben. So lernt er bei einer Straßenbahnfahrt durch Lissabon diese wunderschöne Stadt kennen und wird neugierig darauf sein, in einem Fado-Lokal am Leben der Portugiesen teilzuhaben.
 Dies ist also ein Buch für den Portugalreisenden, der mehr möchte als die Beschreibung eines Bauwerkes, wie er zum Strand kommt oder wo er die portugiesische Küche besonders gut genießen kann. Dies kommt natürlich nicht zu kurz. In jeder Region wird über deren Eigentümlichkeit auch das für den Touristen Interessante berichtet, der nicht so viel Zeit mitbringen kann. Auch wer seinen Urlaub verständlicherweise nur an der schönen Algarve verbringen möchte, erfährt durch dieses Buch doch sehr viel über dieses Land. So erhält der Leser auch ein sehr lebendiges Bild der Revolution der Nelken am 25. April 1974. Hans Blume war zu dieser Zeit (1972-77) in Lissabon und beschrieb die Augenzeuge die Revolution. Diese Erlebnisse und die Gespräche, die er mit Teilnehmern führte, haben ihn veranlaßt, in seinem Buch den Ereignissen einen breiten Raum einzuräumen. Er berichtet auch ausführlich von den Gründungen der Kooperativen im Alentejo, von den Landarbeitern, die sich von den Großgrundbesitzern zu befreien suchten. Auch über die Situation der politischen Parteien und Strömungen nach dem 25. April informiert der Autor.
 Dieses Buch ist voll von Eindrücken und Erlebnissen. Es bietet Informationen, wie sie sonst kaum in einem gleichartigen Buch zu finden sind. Keine leichte Lektüre, sondern ein Buch, das auch auffordert zum Nachdenken. (Roswitha Sopper)

Gegenwartsanalyse, Widerstand

Wolfgang Kreuzberger
Rechtsradikalismus in der Bundesrepublik
96 S. A 5, mit 6 Fotos, 11,80 DM, 2. Aufl. 1984

»W.K. analysiert in diesem Buch die Entwicklung der Kontras in der Bundesrepublik und bezieht diese Analyse auf die Bedingungen der gesellschaftlichen Entwicklung.

Es sind gerade die Bestätigung und Verstärkung der Kontras durch die herrschenden Bedingungen und die Herrschenden selbst, die diesen immer wieder Auftrieb geben und sie zu virulenten Kräften machen und unsere eigene Wirkung konterkarieren. W.K. zeichnet diesen Zusammenhang für alle historischen Phasen der Bundesrepublik nach und schult uns damit den Blick für das systematische Element, das in dieser Konstellation liegt.

So wie in den 50er Jahren die gesellschaftlichen Restaurateure sorgsam die Überreste des Faschismus schützten und ihnen damit den Schutzraum gaben und die Erholungspause verschafften, in der sich diese sammeln und den Übergang in eine neue Phase vorbereiten konnten, so hat dann die NPD in ihrer zweiten Phase programmatisch der Rechtsschwenkung der bürgerlichen Volkspartei CDU/CSU vorgearbeitet und der Umwandlung der CSU zur schlagkräftigen Organisation des Nationalkonservatismus die aggressive innenpolitische Note vorgemacht.

Mit der Tendenzwende von 1974, die das Vertrauen der Jugendlichen in die gesellschaftliche Integration weithin erschütterte, entstand auch eine rechtsradikale Militanz neuer Art, die z.T. durch Übernahmen von partialisierten Elementen aus der linken Szene oder durch den Eintritt bei den Grünen sich eine größere Resonanz zu verschaffen suchte.

Auf der anderen Seite haben die Altorganisationen ein neues Betätigungsfeld für ihren Rassismus gefunden. Sie haben damit den Boden bereitet, auf dem inzwischn die Arbeitgeberverbände und die Parteien CDU/CSU und FDP die Erreichung »der objektiven Grenze« der Anzahl der Ausländer, die auch subjektiv in der Bevölkerung als solche empfunden werde (sic!), propagieren und beschwören und die Durchsetzung der Ausländerdiskriminierung betreiben.« (L.W.)

Wolfgang Abendroth, Theo Bergmann u.a.
Gegen den Strom — KPD-Opposition
Ein Kolloquium zur Politik der KPO (1928 — 1945)
D 10, 126 S. A 5, 19,80 DM

»Dieses Buch gibt die Beiträge eines Kolloquiums wieder, das von ehemaligen KPO-Mitgliedern (W. Abendroth, T. Bergmann, Erwin Gräff, Hans Richter u.a.) und jüngeren Sozialwissenschaftlern, die über die KPO forschen (Buckmiller, Callessen, Kästner, Perels u.a.), bestritten wurde.

Das Buch ist von aktueller Relevanz, weil es im Lichte der heutigen Fragen die Möglichkeiten und Bedingungen des inneren, organisierten Widerstandes und den Zusammenhang mit der unmittelbaren, von der faschistischen Invasion heimgesuchten Emigration konkret behandelt.

Theo Bergmann betont mit über 70 Jahren noch erfrischend offen, daß er erst am Anfang zur historischen Einordnung der KPD-Opposition stehe und daß er am subjektivsten in dieser Sache sei.

Seine Analyse faßt er so zusammen: 'Politisch-theoretisch war die KPO stark genug, um den Weg zur Niederlage im voraus zu analysieren, aber sie war organisatorisch zu schwach, um die Niederlage zu verhindern.' Auf der anderen Seite kommt er in einem Vergleich der KPO mit der SPD und den Gewerkschaften und der KPD zu dem allgemeinen Schluß: 'Wenn wir uns aber die Geschichte ansehen, so müssen wir leider feststellen, daß die großen Organisation mit ihrem großen Apparat mit der Begeisterung und der Disziplin der deutschen Arbeiter Schindluder getrieben haben und das sie nicht einmal das wenige erreicht haben, was die Oppositionellen erreicht haben. Diese haben nämlich mit ihrer Kritik und Analyse dazu beigetragen, daß manche Leute begriffen haben, was auf dem Spiel steht, was Sache ist.'« (L.W.)

Marianne Lehker
Frauen im Nationalsozialismus
Wie aus Opfern Handlanger der Täter
wurden — eine nötige Trauerarbeit
120 S. A 5, 19,80 DM

»Als entscheidend erwies sich, daß die Nazis ihre Frauenbilder und Frauenpolitik auf eine spezifisch patriarchalische Tradition aufbauen konnten, die dazu geführt hatte, daß Frauen ihre eigene Unterdrückung verinnerlicht hatten und so ihre Diskriminierung gar nicht bemerkten.« (M.L.)

Materialis Verlag. Rendeler Str. 9 - 11. D-6000 Frankfurt 60
Telefon (0611) 45 08 82 + 65 52 65